中学受験ウォーズ

君と私が選んだ未来

佐野倫子

はじめに

２０２３年、首都圏の中学入試受験者数、受験率は過去最高となりました。首都圏（１都３県）の２０２３年入試の受験者数は、私立・国立中学を合わせて５万２６００人（首都圏模試センター調べ）となり、ここ数年はピーク状態が続くと言われています。

その要因についてさまざま取り沙汰されていますが、コロナ禍を経て私学の手厚さに魅力を感じるご家庭、変化が続く大学入試に対して中高一貫校で準備することで優位に進めたいと考えるご家庭が増加したといわれています。

しかし果たして、それだけでこれほどのご家庭が、年間１００万円から２００万円もの大金を投じ、子どもたちにあれほど勉強をさせ、中学受験に参戦するものでしょうか？

そこには、もっと深い思いとそれぞれの事情、背景があるように感じられました。

それは極めて個人的なもの。複雑に絡み合い、総論として語るのは困難です。「〇〇だから中学受験が過熱しています」という結論を掲げるのは難しい。取材を重ね、私自身も子どもに中学受験をさせる（あえてさせる、と表現します）なかで見聞きするそれぞれの事情は、とても一言で語れるものではありませんでした。

本書の1章は、保護者の方へのインタビューをもとに、セミフィクションという形式でエピソードを紹介しています。

それは生々しく、そしてときに痛みを伴う中学受験の「物語」を、その核心を大事にしつつ、プライバシーに配慮して描くための手段です。

この物語に出てくる親子は、二人三脚で受験勉強をすすめるうちにさまざまな葛藤を抱えていきます。これは中学受験という少々特殊なシステムの特徴なのかもしれません。12歳が主役となるこの受験は、親として、子として、人として、さまざまな未熟さや問題点をあぶり出します。

だからこそ、それはかけがえのない経験になり得るのです。

中学受験は思春期の入り口で挑戦します。その人らしく受験を乗り切れたかどうかはとても大切で、その後の人生に合否以上に影響を与えるでしょう。そしてその鍵を握るのは、親のマインドセットといっても過言ではありません。

そこで2章では、中学受験において親御さんが陥りがちな状況を整理し、そこでどのように心持ちを切り替えるべきか、方法を一緒に考えたいと思います。

そのうえで3章では中学受験の今後の様相、親子にとって「いい受験」にする方法について、中学受験専門塾「スタジオキャンパス」代表の矢野耕平先生にお話を伺いながら考察します。

本書を書くにあたり強く願ったのは、中学受験生の保護者が少しでも余分な力を抜きつつ、正しい方向にエネルギーや時間、お金を使うためのヒントになる本を書きたいということでした。

冷静になればわかることでも、渦中にいる親子は真面目であればあるほど現在地や方向を見失いがちです。そんなときに、少しだけ立ち止まって手に取っていただける本を目指しました。

私自身もかつて中学受験生であったこと、現在中学受験生の親であるということ、そして教育ジャーナリストとしての取材経験をもってひとつ確信していることがあります。

中学受験は通過点。良くも悪くも、長い人生のステップのひとつです。

もちろん、それがわかっていても中学受験生の親として、落ち込んだり、中学受験の意味に迷ったりすることもあります。

本の良さは自分のタイミングで自由に手に取れるところ、気に入ったところを何度も読み返せるところです。

孤独な夜、迷ったら、何度でも一緒に「原点」に立ち返りましょう。本書が少しでもそのヒントになれば幸いです。

目次

2章 「中受沼」に落ちてしまった親のマインドチェンジ術 157

本書の1章は中学受験を経験した親子への取材にもとづいたセミフィクションです。

1章

わが子の運命を分けた瞬間
～6組の親子のストーリー

エピソード1

「ここで合格しないと、東大や早慶と無縁の人生になるのよ!」〝桜蔭から東大母〟が直面した「子どもは勉強ができない」というショック

自身が中学受験経験者、しかも女子校最高峰・桜蔭の卒業生である母。娘も当然のように中学受験に参戦させるものの、令和の中学受験は生易しいレベルではない。自身が小5から勉強を開始して最難関に入った経験から、低学年からの通塾はさせない方針をとる。王道の新小4から塾に入れ、そこから娘はめきめき頭角をあらわす……そんなイメージを持っていた母。ところが予想外の事態が起こり⁉

1

――合格！　紗矢ちゃん、桜蔭に合格だよ！　おめでとう！

久しぶりに昔の夢を見た。

もう30年以上も前なのに、中学受験の合格発表のシーンは鮮明に覚えている。あれが人生で初めての、そしてもしかしたら一番鮮烈な「成功体験」だったかもしれない。

紗矢はベッドの傍らの時計を見た。5時50分。6時になったら朝勉強のため、娘の更紗を起こさなくては。隣のベッドの夫を起こさないように、寝室を出た。

中学受験生は3年間で膨大な量の勉強をこなす。小学4・5年生でも週に2〜3回、6年生では4〜5回塾に通い、6年生の夏休みは1日12時間ほども勉強。

毎朝6時に起きて、計算と漢字と理社の基礎固め。学校から戻ったら塾に飛び込む。そこには仲間と、本気で導いてくれる先生たちがいて、毎晩遅くまで真剣勝負が繰り広げられる……。

ランナーズハイというものがあるというが、運動とは無縁だった紗矢には走ることでその状況になった経験はない。ただ、中学受験生だった頃は確実にハイだったと思う。

小規模な塾でトップ争いをしていたおかげで、紗矢は講師たちから特別に目をかけられていた。叱咤激励され、褒められれば有頂天。鉛筆を握るとアドレナリンが出て、紗矢は勉強にのめりこむことができた。

小学5年生のとき、無料の模試でいい成績をとって勧誘されるままに入塾した紗矢だったが、頭角をあらわすのに時間はかからなかった。それはまるでスポーツ少年漫画のような展開。あとから来た、ぽっと出の「新人」が、「先輩」を次々と抜き去ってトップに躍り出る。それまで勉強以外に取り立てて目立つところがなかった紗矢にとって、自分が主役になれるフィールドを見つけた瞬間だった。

そこからの快進撃は、今思い出しても気分が高揚する。もちろん勉強はハードだし、当時は苦労もあった。周囲は4年生からカリキュラムに乗っているので、6年生になればもう復習ターン。しかし紗矢には初見の分野がある。巻き返すには爆発的な努力と理解力が必要だ。

遊びたい気持ちをこらえ、ピアノも休会した。朝、勉強のために起きるのがつらくて母に当たり散らしたこともある。でもそうしたことをひっくるめて、すべて吹き飛ばすくらい桜蔭の合格体験は素晴らしいものだった。もしかしたらその6年後の東大合格よりも感激したかもしれない。

12歳の心は柔らかい。努力も、成功体験も、純度が高く、心に染み込んだ。

だからこそ、娘の更紗にもこの強烈な体験をしてほしい。その頑張りに、母として伴走したい。それは紗矢が、更紗を産んだときから漠然と思い描いていたことだった。そこに疑いを持ったことはない。

幸い、夫の浩平と共働き、二人とも正社員なので、一人娘を私立に入れることは可能だ。……というより、子どもを産んだときから「中学受験」ができるような家庭を目指して構築してきたつもりだ。浩平は地方の公立高校から国立大に進学。就職先で紗矢と出会った。したがって中学受験についての知識も情熱もほとんどない。しかし、紗矢はむしろそれが好都合でもあった。

中途半端に横やりを入れるくらいだったら、紗矢を指揮官として頼ってほしい。なにせ、中学受験に関してだけは、自分は一家言ある。受験勉強2年間で桜蔭に入ったのだから。これを今、ここで使わずして、どうしようというのだ。

紗矢は、更紗がついに中学受験に参戦する春、たしかに高揚していた。それは武者震いというものだったように思う。

少なくともこの時は、ほかの多くの家庭のような「中学受験に参戦する迷いや恐れ」というものは皆無だった。

2

「この大問の3番は、たった2週間前のテキストであんなに一緒にやったじゃない。あのときはわかったふりしてたってこと？　それともわかった気になってた？　どちらにせよ、知識は定着して初めて武器になるのよ。ふんわり覚えてたら、全然使えないのよ」

紗矢の言葉に、更紗は、「うーん、どっちだろう？」と首をかしげてへへへ、と笑った。

更紗の6年生としての模試1発目、ＳＡＰＩＸの志望校判定テストは惨憺たる結果だった。４科目偏差値は46・3。紗矢からすればめまいを起こしそうな数字だ。紗矢は、自身の学生生活を通じて偏差値50以下はただの一度も見たことはない。文系だったので、数学はさほど得意ではなかったが、それでも体調が悪いときでさえ、当時受けていた四谷大塚のテストで60を切ったことはなかった。苦手科目の算数でさえ、だ。得意の国語は、75を叩き出したことがある。

SAPIXは中学受験生の中でも上位層が非常に厚い。したがって、紗矢の記憶にある四谷大塚の偏差値よりもだいぶ低く出る。

とはいえ、SAPIX偏差値46で最難関に挑戦するのは難しい。いわゆるボリュームゾーンというやつだ。紗矢はそれを受け入れることができない。

たった2年の勉強で、桜蔭に合格し、現役で東大に進んだ紗矢のひとり娘なのだ。父親の浩平だって国立大学を出ていて、世間的に見れば十分高学歴のはず。どちらに似たとしても、46なんていう数字が出るはずはない。何か原因があるはずだった。

「そろそろこの偏差値をもとに、志望校を絞り込んでいかないとならないのよ。これだと女子学院はとても受からないわよ。あのね、わかってる？　女子学院なら大学受験で頑張ればどこでも行ける、充分に巻き返せるわ。でもね、正直に言って今回入力したほかの学校だとそうはいかないの。せめて持ち偏差値が58になれば桜蔭以外なら大方の女子校にチャレンジできる。ここが人生の分岐点なのよ！　わかってるの更紗！」

最後はもはや自分に言い聞かせているようだ。毎年配られるＳＡＰＩＸ内部生用の冊子、「合格力判定資料」を読みこみ、分析した結果、紗矢が思う分水嶺は58。58あれば、女子学院だって充分に戦える。少なくとも準御三家あたりを狙える55は欲しい。そのあたりに届かないならば、正直にいって中学受験をする甲斐がないではないか。

絶大な人気を誇る渋谷教育学園渋谷や広尾学園のような新進の共学校に、紗矢は興味がなかった。娘を預けるならば女子の教育に長年の経験がある伝統校と決めていた。

最近の紗矢は、あまりにも不甲斐ない更紗の成績をどうにかして上げることに必死だった。仕事の合間を縫って重要箇所をコピーして、「まとめノート」を作成。重要なところは赤字で書いておけば、赤シートをかけることができる。アナログだが、この方法があなどれない。そして大量の教材を片っ端からファイル。とくに繰り返したほうがいい問題はデータで取り込んで、蓄積し、いつでもやり直せるようにしてある。

そして何より、紗矢が更紗に叩き込んでいるつもりなのは、「反復学習の重要性」だ。エビングハウスの忘却曲線。暗記した物事は復習をせず放っておくと大方忘れてしまうというあれだ。大切なのは、忘却が始まったタイミングで復習し続けること。コツコツと暗記ポイントを反復することで長期記憶に定着させる。反復勉強にはどんなにすごい家庭教師をつけたとしてもかなわない。結局は、勉強というのは自分にかかっている。どれだけ粘り強く取り組むか。あきらめないか。それに尽きる。

……そう思って頑張ってきたのが、紗矢の人生だった。ところが、どうやらその方法が通用しない。勉強しても、うまくいかない子がいる。勉強というものに、向いていない子がいる。

そのことを自分の子どもを通して知るとは、なんという皮肉だろうか。

紗矢はいつだって勉強というシーンにおいて、努力をしてきた。青春＝勉強といっても過言ではない。

自己実現も、夢も、鉛筆一本でかなえてきた。

その紗矢が「自分の子は勉強をしても成績が伸びない」と認めることは容易ではない。

「とにかく、もう5月よ、時間がないの。7月までに『持ち偏差値』を55に上げて。話はそこからよ。あと5回のテストの平均で、志望校のめどをつけなくちゃ。夏は人より少しはやく志望校対策を始めるの。せっかくのお母さんの知見、更紗に全部渡すから」

「知見、ねえ……」

当の更紗は、ありがたみがわかっているのだろうか、ふんふんとうなずくと、リビングの一角に座っていつものように宿題を始めた。

3

「こちらの志望校のラインナップは、お母様と更紗さん、どちらの希望ですか？」

「……娘は、まだ学校のことはよくわかっていませんので、5年生のときにいくつか私が選んだ学校を一緒に見に行ったなかから、選びました」

5月とはいえ、6年生の塾の個人面談、というものがこんなに嫌な汗をかくものだとは知らなかった。保護者会の配信動画でおなじみの校舎責任者である講師は、穏やかな雰囲気ではあるが、紗矢はとにかく落ち着かない。それは事前に提出した志望校リストが、高望みであると自覚があるからにほかならない。

「まずは整理していきましょう。更紗さんは、4科目間にさほど差がないのがいいところです。今回は第五志望まで、すべて女子校を書かれていましたが、そこはすでに更紗さんとコンセンサスは取れていますか？」

「え？　はい、もちろんです。私も女子校出身ですので、別学のメリットは充分にわかっています。更紗にもそれは伝えてきましたから」

そうですか、と講師はうなずいたが、なにか言いたげな雰囲気だ。

「1日は女子学院とのことですが……お母さん、2月1日というのはとても大切なんです。上位層がばらけますから、適切な学校を受ければチャンスが生まれます。ここを持ち偏差値を大きく超えたチャレンジ校で当たって砕けるのは非常にもったいない。1日はむしろ確実におさえておくという作戦もありますよ。そして2日は、当日中に結果がわかる学校がおススメです。3日はダブル出願しておいて、2日の結果次第で受験校を決めるという手もありますから」

紗矢は、いたたまれない気持ちになる。

誰に言ってるの？　誰に向かって？

いっそ本音を叫べたら。この講師は、職業として中学受験塾の講師を選んでいる。しかし、本人は果たして御三家を出ているのか。東大を？　そうじゃないならば、なぜ桜蔭と東大の卒業生であり、更紗のマネジメントに命を懸けている自分が彼の言うことを拝聴しなくてはならないのか。更紗のことを、ワンオブゼムとして扱っているくせに……。

「山内さん？　それで午後受験のご予定はありますか？」

思わず八つ当たりしそうになる紗矢の胸のうちにはお構いなしで、講師は話をすすめる。校舎には200人ほど6年生がいて、約1カ月で全員と面談しなくてはならない。1人あたり30分の面談で、方針をすり合わせていく。それが充分な時間だとはとても思えない。講師がある程度場当たり的になることは仕方ない。決定するのは親であるべきだ。

「午後受験の学校を何度も検討しているんですが、行きたい学校が見つかりません」

保護者会動画で見た「上位クラスの子たちは正直に言って午後受験はあまり必要ないです。例年、このゾーンのお子さんは1〜3日の午前校に進学します。そういう場合は、午後受験は体力、精神力への負担を考えるとデメリットがあるとも言えます」という言葉が脳裏をよぎる。

御三家を目指せるα（アルファ）クラスは、SAPIXの上位20％。更紗は4年生から一度もαに入ったことはないが、いい時は平均である50を超えることもある。

「更紗さんは、午後受験を有効に活用したほうがいいと思います。とれるところは貪欲にとっていきましょう」

紗矢はがっくりと肩を落とした。

4

6年生の秋は、ほとんどの親が現実にアジャストするべき時期だ。

紗矢は、9月の合格力判定テストの結果をもう一度、睨む。一縷の望み……いや、むしろ未練を断ち切るために参考判定欄に書いた女子学院は20％未満。未満、というあたりに多少の優しさを含んでいるが志望者内の順位は下位1割。

SAPIXの真骨頂ともいわれる、9月からの学校別対策授業である日曜日のSS（サンデー・サピックス）特訓。更紗は自宅から最寄りの校舎ではなく、横浜のほうまで行って「フェリス・洗足コース」を受けている。東京の城南エリアに住んでいるので、1時間あればフェリスに通うことは可能だった。

担当の講師には「無理をしてSSは遠くに行く必要はないと思いますが……ちなみに

フェリスはお母様が卒業生ですか？」と尋ねられた。この地域から2月1日にわざわざ横浜の学校を入れる子は稀だろう。

「いえ、私は桜蔭なので」と答えてしまったのは、本当に失敗だった。講師は「……ああ、なるほどです」と、微笑んだ。「桜蔭卒だから、御三家という肩書に固執するパターンですね。近くにもいい学校はたくさんあるのに、何が何でも神奈川『御三家』のフェリスを狙うのは、そういう心持ちなんですね」とでも言いたそうな、納得した表情だった。

そう、首都圏最上位の御三家に入れないのであれば、神奈川御三家にシフトチェンジ。フェリスならば、実偏差値以上に、伝統校としての歴史とブランドがある。「桜蔭は、自分が通ってみて、ちょっとガリガリ勉強しすぎてエレガントじゃないと思って。娘にはフェリスのバランス感覚を身に着けてほしいんです」とおっとりほほ笑むこともできるというものだ。

正直に言って、フェリスの学校説明会には行ったことがない。夏休みが終わり、SSのコースを選ばなくてはならない局面で、紗矢は女子学院をあきらめた。偏差値表を睨んで三日三晩悩み、はじき出したのがフェリスというセカンドベストだった。どうにか塾が主催の説明会には行ったが、秋のあいだに一度現地を見に行かなくてはならないだろう。なに、フェリスほどの伝統校だ。卒業生の友人も何人かいる。そうそう変わっているはずがない。

ただ、フェリスの偏差値はＳＡＰＩＸで54。更紗の直近５回平均偏差値、いわゆる持ち偏差値は48。この差の６という数字が持つ意味を、紗矢は誰よりもよくわかっていた。「合格率80％偏差値」から偏差値が１下がるごとに、合格率はおよそ10％程度下がる。つまり、６足りない場合、合格する可能性はイメージとして20％ほど。

紗矢が30年前に桜蔭を受けたとき、四谷大塚の合不合判定テストは最終的に合格率70％だった。第２志望の豊島岡は、今よりも入りやすく、80％を切ったことは一度もなかった。そのへんの優秀層は、比較的順当に合格する。紗矢がそうだったように。

番狂わせというのは、いうほど頻繁には起こらない。とくに無謀な下剋上を狙う場合は。

「ねえお母さん。フェリスってさ〜、遠いんだよね？」

もう寝たと思った更紗が、２階の勉強部屋から降りてきた。時計は夜の11時を指している。毎晩、10時30分すぎにはベッドに入るようにしていた。６時からの朝勉強に差し支える。紗矢は眉を寄せた。

「まだ起きてたの？　1分を惜しんで寝なくちゃだめよ。フェリスの通学時間なら1時間くらいよ、大丈夫。制服も可愛いし、伝統のあるすっごく素敵な学校よ。来週、イベントがあるから2時間だけ行ってみようね。進学実績もいいし、頑張って入っておけば、大学受験できっと巻き返せるから」

紗矢がほぼ独断で決めた学校だ。更紗に話すときは極力ポジティブな情報だけを渡すようにしている。

「ねえ、お母さん、巻き返せる、ってどういうことを言うの？」

更紗は、パジャマ姿で冷蔵庫を開け、コップに水を注ぐと、ダイニングに座った。

「お母さん、いっつも言うじゃん。大学受験で巻き返せるって。だけどさ、正直に言うと私、よくわからないんだよね。今、ヘンなとこに居て、遅れてるから、巻き返すっていうことでしょ？　私、大学はどこにいるべきなの？　それって、もう決まってるってことだよね？」

紗矢は最初、娘の言わんとしていることがよくわからなかった。しかし次第に、何故だか苛立ちが募る。

「そんなの決まってるでしょ。せめて大学受験では、いい大学に行ける可能性がある中学に行かなくちゃってことよ」

今のあなたはしょうもない偏差値だけど、という言葉を、紗矢はかろうじて飲み込んだ。

「ねえ、私、大学受験、しなくちゃだめ？　ゆっこたちみたいに、大学附属に入って、部活に打ち込んだり、のんびり遊んだりしたいかも……」

「何言ってるの！　それは怠けたいだけでしょ⁉」

紗矢は思わず声を荒げた。極力冷静に伴走しようと思っているのに、やはり本番数カ月前、ふとしたことでイライラしてしまう。

「違うよ！　……ううん、そうかもしれないけど……それの何がいけないの？　3年間、朝から晩までお母さんにあれやれ、これやれって言われて、こんな勉強がずっと続くと思ったら、もううんざりなんだもん。私、やめちゃったフルート、もう一回吹奏楽部でやりたい。ちゃんとしたコーチや設備のとこで、受験勉強に追われないでやりたいもん」

紗矢は、どこから説明すべきか、軽く眩暈を覚えた。そんなことを議論すべき時期はとっくに過ぎている。

「あのね更紗。吹奏楽に入りたいなら、フェリスに行けば思う存分できるわ。大学受験まではまだ間があるから、部活くらいできるわよ。でもとにかくいい中学にいかないと、東大どころか早慶さえ無縁の人生になっちゃうのよ⁉」

「だから〜、東大も早慶も全然目指してないってば！」

だめだ。嚙み合わない。しかしそんなふうに育ててしまったのは自分自身だ。東大の母親は重荷だろうと、紗矢なりにあまり押し付けないようにと理性的に育ててきたつもりだ。ときがきたら、受験の、そして社会の残酷なまでの格差を教えようと思っていた。

　しかし遅かったようだ。４年生から急に勉強に伴走しても、その前の素材の「洗脳」が必要だったのに。よりによって、戦う前から「いい大学に入っても仕方がない」などと負け惜しみを言う、紗矢の嫌いな人たちとわが子が同じ主張をしようとは……。

「とにかく、フェリスはお母さんの言う通り受けてあげるから。でも、ほかの学校は私が決めたい。最後にどこにいくかは、自分で決める」

　あっけにとられた紗矢を残して、更紗はさっさと寝室に引き上げていく。

5

中学受験において、ドラマや漫画でよく見るような偏差値10以上を覆す一発逆転は、めったに起こらない。

なぜならば、勝つべく準備をしている人のレベルと、あわよくばと考えている人のレベルは、想像以上に乖離している。その乖離に気がつかないまま、突撃し、かすりもしないままに受験が終わるというのが多くのパターンではないだろうか。

そこで落ちた人は「惜しかった、残念だった」と言うが、実態は惜しくもなんともない。親子で無謀な夢を見て、それを修正できないまま、特攻してしまっただけなのだ。

紗矢は今、まさにその境地に墜ちてしまったことをひしひしと感じていた。

親子の溝は埋まらないまま、本番を迎えてしまった。


1月、栄東Aにギリギリで合格。浦和明の星、不合格。

2月1日、フェリス女学院、不合格。

2月2日、青山学院、不合格。午後、中大横浜不合格。

2月3日、プロテスタント伝統女子校、合格。

2月4日、六大学附属共学校2回、合格。

どの学校が、紗矢と更紗のどちらの希望なのか、一目でわかる分裂したラインナップになってしまった。しかし、そのことを今さら蒸し返しても仕方がない。フェリスは最後まで合格率は30％ほどだったから、心のどこかで準備はできていた。

しかし結果が出そろった今、決めておくべきこと、考えておくべきことはもっとあったと痛感する。志望順位だ。結果はおのずと出るとうそぶいて、明確なシミュレーションを後回しにしてしまった。

その結果がこれ。大学受験でどうにかいい学校を目指せるレベルの伝統女子校と、紗矢が希望する六大学の共学附属校。通学距離を考えると、現実的な選択肢はこの二つ。しかし家庭内での意見は割れたままだった。

「この2校から選ぶって……」

選択は重い。事実上、大学受験を回避し「利益確定」するか、大学受験で雪辱を果たすか。これがもし自分の人生であったなら、迷わず後者、すなわち伝統女子校一択。しかし、更紗はどうだろう。

本人の希望はもちろん附属校だし、それを置いておいたとしても、勉強がさほど得意には見えない彼女に、大学受験でのリベンジというものが可能なのだろうか。言いたくはないが、受験勉強への適性は中学受験を通してある程度露見してしまったような気がする。大学受験で、六大学以上に行けるという保証はない。そもそも私大は早慶を一つずつ滑り止めに受けただけの紗矢にとって、わが子の現実を受け入れるのは苦しいことだった。

浩平は、頑張った更紗が決めればいいと言う。

その通りだ。模範的すぎて、葛藤をぶつけてもむなしいばかり。理想論を掲げるのは簡単だ。しかしまだ12歳に、どれほどのことを見通して決定ができるというのだろう。正しく、成功への近道に親が導いてやるのが役割。

正しいのは、どっち?

親は絶対に間違えてはいけない。子どもの人生がかかった選択なのだ。ベストを選ばなくては。

手続きの締め切りがあるので、今日中に判断しなければならない。紗矢はインターネットでもう2時間ほども検索している。正直に言って、私大の入試システムや難易度、各校の進学データなどをこれまでさほど真剣に分析できていなかった。掲示板には口コミが並ぶが、どれも一長一短。無意識に桜蔭と比べてしまい、焦りから唇をかんだ。フェリスに受かっていれば、いろいろな葛藤や物思いをなかったことにできたのに……。

「ママ、ただいま！　マンガの最新刊、買えた！」

玄関から明るい声が響く。更紗は1日と2日の連敗でさんざん泣いたものの、合格をもらった瞬間に狂喜乱舞し、もう次のフェーズに行ってしまったかのように見える。

そんなに喜ぶならば、母主導だったとはいえ合格したプロテスタント伝統女子校に行くのだろうと胸を撫でおろしたのも束の間、共学附属校の合格を知るや否や、「こっちに行く！」とこれまた大喜び。

紗矢だけが、ますます混乱していた。わが子ながら、その切り替えの速さにまったくついていけない。考えていることもわからない。

正直に言って、この程度の学校ならば、どちらでもいいのではないかという気持ちになってくる。どちらでもいいならば、更紗が行きたいほうに行かせてやればいい。しかし、自分ならば、大学受験に可能性を残したい。

挑戦こそが、紗矢の人生だ。

頑張って、挑戦して、新しい世界を切り拓くのが、生きる意味だと信じてやってきた。

「ママ、まだ学校悩んでるの？　私、附属に行くよ。それでいろんなことに思いっきり挑戦する。勉強より得意なことのほうが多いもん。そういう人がいるんだよ！　ママとは違うタイプなんです！」

紗矢は娘の顔を見た。きっと、自分はぽかんとした表情を浮かべていただろう。更紗は最初から最後までまったくぶれていない。

どうして彼女を説得できるなどと思ったのだろう？

もう、彼女の人生の決定権は彼女にあるのだ。いつの間にか、娘は大きくなっていた。

「大学附属だからって、勉強しなくていいなんて大間違いなのよ？　希望の学部にいくためには、学校の勉強、しっかりやらないと。ぼんやりしてると、ぬるま湯につかりきる、みたいなことになるんだから」

「わかってるよーだ。大丈夫、私を誰の娘だと思ってんの？　勉強も部活も頑張るってば！」

紗矢は泣き笑いで更紗の頭を撫でた。いつの間にか、娘の身長はほとんど自分と変わらない。

フェリスが不合格とわかったときはなぜかこぼれなかった涙が、今、紗矢の目から盛大にあふれ出す。

エピソード2

「あなたが解けない問題は、誰にも解けない」
4年生で入塾、余分な課金ナシ！
ボリュームゾーンから御三家合格に導いた母の言葉

「持っているもの」は悪くないのに、少々引っ込み思案な息子。両親は名門国立大卒、母親は専業主婦。最難関も目指せる資質と環境のはずが、本人は自信と度胸が足りず、テストの結果は振るわない。そこで1年間、母親は女優になった。どんなときでも、息子の素質を信じ、繰り返した言葉はこの言葉。すると次第に変化が……？

1

「うーん、ちょっと惜しかったね、この漢字、先週練習したところだったのに、マンスリーでは忘れちゃったかあ」

「そうだね〜、まあしょうがないよ」

果歩は、息子の彬がSAPIXから夜9時30分に帰宅して、もぐもぐと親子丼を食べる姿を見守っている。自分もお茶を淹れて飲みながら、小テストを見直しつつ、ファイリングタイムだ。

SAPIXでは、毎回の授業で大量のプリントを綴じたテキストが配付される。6年生になれば算数だけでも3〜4冊。小学生男子が毎回きちんと整理していくのは難しい。毎回授業が終わると、科目ごとにクリップや輪ゴムで留めたり、小テストのミスした箇所に付箋を貼ったりするのは果歩の役目だ。

この作業が、共働きの母には辛いとしばしばネットで話題になる。幸い果歩は専業主婦だったので、時間はたっぷりとあった。

まあそうは言っても実際PTAの活動や地域のボランティア、2人の子どもの子育てに忙しく、暇という感覚はない。だがそれにしてもフルタイムで働いている母よりは時間が自由になる。会社員の夫の収入は、一般的には充分ではあるが、さすがに2人を中学受験させるのはかなりのやりくりが必要だ。

しかし果歩は、多少生活費を切り詰めながらでも、専業主婦として子育てに全力投球したいと考えていた。学生時代の友人には「一橋大学を出て専業主婦なんてもったいないんじゃない？」と言われるが、もったいないかどうかは本人に決めさせてほしい。

果歩は子育てや主婦業にとてもやりがいを感じている。

たしかにお金を稼ぐという意味では、学歴を活かせていない。それは自分の人生の課題として、別の問題としてこの先考えていきたい。子どもたちが中学生になったら、またそこからできる仕事があるのか、はたまた仕事以外に生きがいを見出すのか、試行錯誤しようと思っていた。

果歩が、息子に自分が卒業した大学名を言わない一つ目の理由は、そのような外野からの声が多少関係しているかもしれなかった。子どもたちに、いい大学を出て主婦をしているなら、勉強はしてもしなくてもいいのでは、と思わせたら良くない。とくに下の子は女の子なので、母親という宿命的なロールモデルに、あまり多くの注釈や逡巡をつけたくないと考えていた。果歩の行動や愛情をベースに、居心地よく暮らしてくれたらそれが一番だと思う。

そして最大の理由は、両親の学歴を知ってプレッシャーを受けてほしくないということ。夫は関西の超名門男子校から東工大に進んだ。都内の進学校から一橋大に進んだ母と、そのような経歴の父を持つ彬は、ある意味で中学受験において「結果を出しそうな子ども」である。でもそのことで重圧を感じてほしくなかった。

子どもの人生は子どものもの。果歩は、2人の子どもたちが幼い頃から、そのことを胸に刻んで子育てに邁進してきた。

果歩たちが住んでいる都心には非常に教育熱心な人がたくさんいる。その中には自分の夢や執着を、子どもに押し付ける人もいた。そのたびに悲しく、強い憤りを感じてきた。正義感の強い果歩は、きっとその怒りが顔に出ていたこともあっただろう。

高学年になってからは、自然とママ友付き合いもドライになった。果歩なりに、葛藤を抱え、ベストを探って子どもを育ててきたつもりだ。

人一倍考えてきた結果、おそらく感情のままに子どもに当たり散らすようなことは一度もなかったと思う。子どもたちは、もちろんさまざまな課題はあったが、おおむね穏やかで楽しい個性を発揮している。

しかし、長男の彬が受験生となり、最前線で切磋琢磨するようになると、果歩は問題から目を逸らすわけにはいかなくなった。成績が伸びない。しかしサボっているわけでも、やる気がないわけでもない。原因はほかにあるような気がしていた。

彬の成績は、中の中。新4年生で入塾したとき、先取り学習らしきものはしていなかった。元来の読書量の多さと、自然や昆虫好きという点のみを武器に受けたため偏差値は45。その後は少しずつ上がる予定であったものの、果歩がイメージしたほどの伸びはなく、現状50程度であった。

SAPIXで50あれば世間でいうところの難関校に合格できる。それで構わないと果歩は思っていた。偏差値よりも彬に校風が合うかどうかを重視していたので、なにがなんでも御三家！　と鼻息の荒いママ友たちを見て少し引いていたくらいだ。

しかし、さまざまな思惑を一度脇に置いて彬を見ていると、率直に言ってもう少し偏差値が出てもいいような気がする。飲み込みのスピード、知的好奇心を観察していると、「なにかが成長をすこし押しとどめて」いるがゆえに平均点なのではないかと感じた。それは母の欲目と言われればそうなのかもしれない。しかし、力が正しく発揮されれば伸びるような気もする。

彼の力をスタックさせている原因。それは「繊細でおっとりした気性」ではないか。母はため息をついた。計算力とか、勉強時間が原因であったならまだ良かった。しかし性格となると……。

小6の春から果たしてどれほど変えることができるのか。果歩はカレンダーをじっと睨んだ。

2

「彬、志望校どう思う？　去年、6校見に行ったけど、どこが好きだった？　全部いい学校だったから、困っちゃうよねぇ」

「うーん、そうだなあ、攻玉社も芝も近かったし良かったよね〜。2日の本郷はちょっと偏差値高すぎるから、見に行った中だと巣鴨かな？」

果歩は、うんうんとうなずきながら、思案する。

学校を見る視点が、とてもさらっとしている。悪くない視点だとは思う。でも、どこの学校に連れていっても、彬が執着を見せることはなかった。11歳、12歳では無理もないことかもしれない。でもその淡泊さは、少し心配だった。

「もう1年くらい前だけど、開成の運動会覚えてる？　かっこよかったよね！　麻布の文化祭もさ、すっごい髪色に染めてる人いたよね。学校が、生徒を信頼してるって感じ、しなかった？」

5年生のときに果歩主導で見に行った御三家の2校の名前には、もはや彬は反応もせず、学校の宿題をやっている。まさか御三家を狙えるとも思わないが、開成の運動会と麻布の文化祭はアイコニックで、それを見学して志望を決めた、という子も多いと聞く。かすかにそれを期待したものの、彬のレーダーにはひっかからなかったようだ。

「どこの学校も素敵だけどさ、今の偏差値だけで決めちゃうことないんだよ。まだ1年あるからね。本当に行きたい学校を決めて、まずは一緒に頑張ろうよ」

果歩の言葉に、彬は少しびっくりしたような顔で母親を見る。

「え？　でもさ、もう2年も塾通ってて、αに行ったこと一度もないよ。良くてもベット

（アルファベットクラスの内部生での呼び方。SAPIXではαと呼ばれる上位クラスが

校舎によって数クラスあり、その直下から、アルファベット逆順でクラスが続く）上位だし……さすがにさ、身の程を知ったよ」

「なーに言ってるの？　αだってベットだって、そんなの5点10点の差じゃないの。今の成績で、各科目3問ずつ正解すれば、αだよ。そんな絶対的な差じゃないよ。お母さん知ってるよ、彬は算数は前半を丁寧にやりすぎて、テストで後半全然挑戦してないじゃない。大問の①だけは確実に解く、っていうのを徹底して、②と③はすぐあきらめてるでしょ？でもあれ、落ち着いて解いたら彬、できるよね？　算数で20点上がって、あとは3問ずつ積んだら、αどころか開成いっちゃうかもよ？」

果歩の言葉に、彬は目をぱちくりさせている。

……そうか、これまで成績の細かいことを言って、追い詰めたらいけないと思ってたけど、いいところを指摘する機会も少なかったのかも。

果歩は自分の失策を知った。繊細でのんびりやの彬に、ダメ出しをしすぎて、ハードな中学受験勉強で傷を負わせたくないと思いすぎていた。

心のどこかで、「中学受験は親主導で始めた」という負い目がある。

図鑑やパズルが好きな息子の様子を見ていて、勉強が少しは得意だろうと見込み、連れて行った中学受験塾。しかし予想したような偏差値は、最初の1年ではなかった。それどころか平均を下回ることもあった。

いくらSAPIXがハイレベルな塾だと言っても、ずっと平均ということは、受験勉強にはあまり向いていないのかもしれない。だとしたら、せめて楽しかった、やってよかったと思う範囲の負荷で、彼なりの成功をしてほしい。そう思った。

しかしもしかすると、果歩のやり方には一つ欠点があったのかもしれない。本人を追いつめない代わりに、自信がつきにくい。

どうしたものだろう……。果歩はまたしてもすっかり頭を抱え込んでしまった。

3

異変は6年生の4月に起きた。

良くも悪くも安定していた彬の成績が、落ち始めたのだ。そして初めて「もう塾に行きたくない」と言うようになってしまった。

具合が悪い、というよりも、心理的なプレッシャーであることは明らかだ。その証拠に学校は問題なく元気に登校していた。

果歩は、塾の通常授業に穴をあけるよりは、と、演習を行う土特（土曜志望別特訓）を思い切って休むことにした。まずはゆっくり寝かせたあと、気分転換にと近所のカフェのブランチに誘う。休んだことに罪悪感があるのだろう、彬は浮かない表情だ。

「彬、いつも塾嫌がらないで行って本当に偉いなって、お母さん感心してたよ。たまにはイヤになっちゃうことあるんだね、ちょっと安心したよ」

つとめて明るい表情で、オープンサンドを頬張りながら話しかけると、彬はため息をつきながら首を振った。

「塾自体は楽しいんだよ、意外にさ。先生も友達も面白いし。でも、ついにテストだけじゃなくて授業でも1回じゃよくわからない問題が出てくるんだ。小テストなのに解けない問題も入ってるし。ヤバい！　と思うと、焦って、頭が真っ白になっちゃうんだよな」

果歩はサンドイッチを放り出して、彬の顔を見た。口下手でおっとりした彬が、弱音らしい弱音を吐くのは珍しい。これは貴重なサイン。大事なヒントだ。そうと悟られないように、全神経を集中しつつ、さりげなさを装ってヒアリング開始。

「なるほどね。ねえ、ひょっとして彬はさ、今まで説明聞いてもわからない問題がまったくなかったってこと？」

「うん、そうだね、授業を聞いてよくわからない問題が出てきたのは初めてかも……。例えば算数だと、小問3番まである大問で、その答えをもとに2番以降を解く、みたいなやつ。それだと、1番を先に答え合わせしたくてたまらなくなるんだ。自信が持てないっていうか」

ううむ。果歩は内心唸った。

これまでわからない問題がなかったというのは、結構すごいことじゃないか。睡眠時間はたっぷり、が果歩の方針だから、勉強量としてはごく平均的、いやそれ以下なはず。それを可能にしたのは、授業中に1回で理解してきた彬の飲み込みの早さ。そのサイクルが崩れてしまい、自信を失っているということのようだ。

なるほど、慎重な彬らしい。失敗をする経験が少なかったことは、明らかに果歩が先回りして守ってきてしまった弊害だろう。

しかし、本当に彬は勉強が苦手なのだろうか？

塾に行きたくないと嘆くほど、ついていけていないわけじゃない。果歩には、確信があった。いや、そう思いたかっただけかもしれないけれど。

彬に足りないのは度胸と自信だ。そしてそれは、親のせい。

転ばぬ先の杖を発動させた、果歩の教育方針の弊害であることを認めなくてはならない。

「彬、聞いて。これは大切なことなんだけど……お母さん、彬が油断するかなって思って、言わなかったことがあるの」

「え？　なあに？」

パンケーキセットをもぐもぐと頬張りながらこちらを見る目は澄んでいる。

爆発的な思春期の直前の一瞬。嵐の前の静けさ。

少し奥手なこの子は、まだ完全に自分で走るのは早かった。自主性を大切にしなくてはと思うあまり、母の知恵というものを授けてこなかった。

果歩は誓った。今こそ、母は女優になろう。

「あのね。彬がテストで解けない問題は、誰にも解けないの。心配無用。マンスリーの最後の問題なんて、正答率1％の世界よ。その問題が解けなくても、2月1日、合格点って取れるのよ！」

「え？　ええ？　そうは言っても、誰にも解けないわけないじゃん」

母の言葉の意図が読めず、彬はかすかな苛立ちを見せた。いい兆候だ。おっとりと構えている彼の心に、さざ波を立てた。

「彬、これまでは授業中に解説を聞いてもわからない問題はなかった、って言ったでしょ？それ、めっちゃすごいことなんだよ？　正直言うとね、みんな授業の半分くらいわかってないの。でも、ま、あとでやればいっか、って思って素知らぬ顔してるだけなのよ。間違いないわ、お母さんがそうだったからね」

「え⁉　うそ、マジ？　そんな人いるの？　てかお母さん、やばくない？」

彬は急に明るい表情になり、ゲラゲラ笑った。

母の学生時代はこうだった、ああだった、と言うのを嫌う果歩は今まで自分の成功談も失敗談もあまり共有してこなかった。想い出は美化されて、おおむね自分は良くできた、という話になってしまうと思ったからだ。

でも、親が自分の地平まで降りてきて、昔の失敗を語るのは悪くなさそうだ。彬が手をたたいて笑っている姿をみて、果歩は嬉しくなった。

ようし、失敗ならばいくらでも語ってやる。果歩はどちらかというと努力型のがり勉タイプだった。そんな果歩から見て、彬は明らかに勘がいいように見える。授業ですべてを吸収しきる、というのは実はそんなに簡単なことではない。

「ね、彬、今までなにもかも一発で理解していたんだとしたら、相当すごいよ。さすがに問題が難しくなりすぎて、ようやく授業だけじゃ足りなくなったんだね。みんなとっくにそんな段階は来てるんだよ。心配しないで、そんな彬が解けない問題は、誰にも解けない。本当よ。学校も塾も、差をつけるためにめちゃめちゃな難易度を設定してるんだもん。1回で解けなくても恥ずかしいなんて思う必要ゼロ！　すべては2月1日に間に合えばOK！　気楽に行こう」

4

「君が解けない問題は、誰にも解けない」……その声掛けは、彬に関しては確かに効果があった。

今まで、できない問題があるということにショックを受けたり、それを回避するために石橋を叩いて解いていたりしたことが障壁になっていたのだろう。とくに算数でそれが顕著で、声掛けにより落ち着いた彬の偏差値は58くらいまで上昇。

しかし、代わりに暗記に割く勉強時間が減ったことで、社会が下がってしまった。とくに公民の暗記に苦戦していた。

社会がマンスリーで50を切ってしまうと、4科目では良くて55〜58ほど。講師に電話をして相談すると、社会をしっかり底上げしろと叱られた。

しかし、果歩は密かに手ごたえを感じていた。算数は、まだ伸びる。今まであきらめていた難しい問題に、今初めて本気で対峙している。成果が出るのは、まだ先だ。もしかして2月には間に合わないかもしれない。

それでもいいと果歩は思っていた。

もし受験に間に合わなくても、彬は大きな自分の課題を乗り越えるはずだ。なにも御三家を狙っているわけじゃない。トップ校を狙うには、また別の問題があることを、果歩はよくわかっていた。

まずは、自分の力をちゃんと出せるように、メンタルを安定させて、自信をつけること。そのためにはコツコツいくしかない。社会は夏休み明けから勝負をかけよう。リスクはあったが、それまでは算数に一番力を割く作戦だ。

「今日は7月マンスリーだね！　いい？　君に解けない問題はー？」

「誰にも解けなーい」

もはや二人の合言葉となったこの掛け合いは、単純だが繰り返すことで彬に沁み込みつつあった。家で勉強していて、難問が出てくると、つぶやきながらも格闘している。以前はすぐにあきらめていたから、進歩だった。

「夏期講習って長いから、うっかりαクラスなんて入っちゃったらいいよね」

果歩の言葉に彬はゲラゲラ笑いながら無理ムリ、と首を振る。前回のマンスリーが55・8で、12クラス中4番目、アルファベットの一番上というラッキーな結果だった。αに入るには58は必要だったから、難しかったけれど、いい流れであることは間違いない。

「αって、プリントの種類も違うらしいよ！　やっぱりいい先生がそろってるような気がするんだよね。かっこいいよね～」

1週間後。配付されたコース基準表を見て、果歩と彬は目を丸くした。332点以上、α3。彬の得点は、332。

「彬……これは、α3、いっちゃった……んじゃない？」

「え？　嘘でしょ？　α？　まじで？　今まで一回も行ったことないよ。こんなまぐれで入ってもついていけないって」

果歩は半べその息子を見て、目を丸くした。自分なら飛び上がって喜ぶけど……息子はぜんぜん性格が違う。まだ自信も成功体験も足りていないのか、反省。

「大丈夫、大丈夫！　開成受けるわけじゃあるまいし、ずっとそこにいなくてもいいんだよ。αを社会科見学してみよ。ちょっとお邪魔してさ、秋にはいつものクラスに戻ればいいじゃん。気楽に行こう」

これが果歩自身のことならば「何がなんでもしがみつく！　ここが勝負！」と自分に発破をかけただろう。そうやって自らを鼓舞して勝負に挑んできた。それが果歩の生き方だった。

でも、息子は違う。自分とは違う。

誰よりも息子をわかっている母だけができる、大きな賭けに、果歩は出ていた。

5

果歩と彬の夏の目標は、「メリハリ」。どうしたって成績を上げようとしたら、時間をかけていくしかない。だからこそ息抜きの時間はしっかりとって、やるときはやる、を徹底した。8時間眠って、5時間の息抜きと食事に入浴。てきぱきと食事をすれば、ざっくりと休憩時間は増えるという寸法だ。うまくすれば1日3時間の自由タイムがある。そのためには、授業で徹底的に集中して家庭学習の時間を減らせるようにしようね、と作戦を立てた。

「1時半から7時半が夏期講習っていうの、最初は無理ムリって思ったけど、結構やるとなんとかなるねえ」

彬は感心したような顔でテキストを読んでいる。

朝は7時に起きて、近所のラジオ体操へ。朝食を食べ、7時45分から前日の講習の復習スタート。そのまま11時30分まで勉強。そこからランチと自由タイム、12時50分に家を出て塾へ。家と塾が近いことが非常に奏功していた。

それでも、すべてが順調というわけではもちろんない。算数は、時間をかけているわりに58くらいで頭打ちだったし、社会は良くて50台前半。国語は55から60台でさっぱり安定しない。分析すると論説文や説明文はあまり得意ではなく、長文読解が物語のときは悪くない。麻布を受けない限りは、ハマらなそうな傾向だ。

「彬、もやしっこかと思ったけど、意外に体力あるよねえ！　お母さんが受験生だった頃、夏期講習は4時間だったけど、集中力切れた記憶があるよ。彬はタフだねえ」

君はタフだ、と母はさらっと口にする。本当は、タフっていうのはクラスメートの河合君みたいな子。野球をつい最近まで週3でやっていて、睡眠時間も7時間あれば充分、というタイプ。緊張とも無縁だと言っていた。

羨ましい。しかし、隣の芝を見て嘆いてもはじまらない。彬のいいところは、飲み込みの早さ。心配なところは、繊細で慎重、臆病なところ。これをいかにコントロールするかにかかっている。そのためには、まず彼が自分を縛っている思い込みを解く必要がある。

君に解けない問題は、誰にも解けない。

タフになったねえ。

塾にしっかり通って楽しめてるなんてすごいよ！

果歩は繰り返し、繰り返し、口にした。そのうち、本気でそんな気がしてくる。彬も、母に認められていると思うと自信がつくのか、笑顔が増えた。

彬に必要だったのは、尊重というよりも褒めることだった。腫物にさわるように観察するよりも、その時間でコミュニケーションをとっていいところを自覚させること。

そして何よりも、「成功体験」。

果歩の周囲の母親は、ほかの人と差をつけるために、夏から過去問をやらせてみる、と言っていた。それも仕上がってきている子には有効なのかもしれない。しかし、彬はまだほとんどの学校、たとえ偏差値が40の学校だとしても、合格点に達するのは難しいと果歩は考えていた。その状況で、いくら夏休みとはいえ、合格最低点の半分の点数などをとろうものなら、彼は人一倍ショックを受けるに違いない。

――焦るな、焦るな。大丈夫、開成を受けるわけじゃあるまいし。

いつでも最難関に目標を設定し、そことの距離を測ってしまうのは果歩の悪い癖だ。そのおかげでさまざまな挑戦に成功してきたが、今回は違う。主役は自分じゃない。まったく別の、でも一番近くで応援している子どもだ。彼の目標を努力で超える、という成功体験が積めればＯＫ。遠くを見すぎず、毎日を積み重ねる。

6

「え？　ＳＳ特訓を麻布に？」

果歩は、スマホの調子が悪くなったか、先生が違う子と間違えて電話をかけているのではないかと思った。

麻布。男子御三家の一角、押しも押されもせぬ名門校である。

その数値はＳＡＰＩＸで61。ようやく4科目55あたりで安定するようになってきた彬では話にならない。

「先生……あの、生徒さんを間違えていると思います」

ＳＳ特訓とは、ＳＡＰＩＸの真骨頂と呼び声の高い、いわゆる志望校別の特訓コースで、6年生の9月から日曜日にスタートする。とくに御三家は完全に志望校別になり、その分ＳＡＰＩＸでは、多少偏差値が足りなくても、本人が強く希望するコースをとることができた。とはいえ、「多少は」ということであり、偏差値表で6もへだたりがある彬が麻布を受けるなどとは、まったく考えられない。

「お母さん、たしかに彬くんは直近5回のマンスリーと組分けテストの平均は55です。この55という偏差値、まだまだあてにはできませんが、仮に後期の合格力判定テストで同じ偏差値だった場合、麻布の合格率はどのくらいだと思いますか？」

「え、ええと……61で80％ですから、20％くらいですよね？」

腐っても受験戦争では勝ち上がってきた身だ。偏差値1で10％程度減少することくらいはわかっている。

「確かに、論理的にはその通りなのですが、こちらの資料をご覧ください。昨年は、55の生徒の合格率は50％でした。この数値を、今の彬くんの持ち偏差値と照らし合わせて、どう思われますか？」

校舎責任者の講師は、混乱で首を傾げ続ける果歩とは対照的に自信たっぷりの声色だ。

「どうって言われても……たしかに50％っていうのは思ったよりも合格するんだなとは思いました。でも、これは持ち偏差値に関わる模試の日にたまたま実力を発揮できなかったお子さんもいるでしょうし、うちみたいに、最近ようやくαに入ったくらいで喜んでいるのとはわけが違います」

「確かに違います。彬くんは、今、明らかに上り調子です。殻を破りつつあるといってもいい。以前にはない自信がでてきて、いい方向に向かっています。SS麻布に入っておいて、あとで多少は入りやすい進学校に変更することは可能です。まあ、もちろん、先週提出いただいた駒場東邦に最初から絞るのもいい作戦です。ただ、正直言って、私は彬くんならやってみてもいいんじゃないかと、感じています。麻布は国語が記述中心で難しいんですが、彬くんは物語文が得意ですよね。麻布は物語が出ます。とにかく、中学受験において、最後はご本人が熱望していることが一番強い。一度、話し合ってみてください」

果歩は、話の途中から、なんだか頭が痛くなってきた。

講師の意見は、昔の自分ならば間違いなく、とっくに検討していた意見だ。可能性がある限り、最難関を目指すのが果歩の目標設定の法則である。ましてや、講師の言う通り、今は上昇傾向なのだ。

しかし、今回は息子の受験であることを肝に銘じたばかり。塾は商売だから、もちろん合格数が欲しい。ある程度の可能性があるならば、1日は挑戦を促すのは当然だろう。言葉は悪いが、「煽る」のは当たり前すぎる話。そしてそういわれて普通の親は舞い上がる。やってみようと思う。しかしそこで冷静になれるのが、中学受験を経験した親の強みではないか。果歩は頭を一振りしてから、こほんと咳払いをした。

「先生、お言葉は嬉しく思います。彬は塾が大好きで、順調に積み上げてこられたのは先生方のおかげです。……でも、私は母親ですから、彬の実力は誰よりもわかっています。麻布に挑戦する実力は、あの子にはありません。慣れた問題の範囲を努力で広げて、戦うタイプです。ひらめきが不足しています」

「そうでしょうか。ひらめきとは、そこまで天才的なものなのか、私はそうは思いません。もちろん麻布には天才がいます。ただ、多くのお子さんは、ギリギリまで努力を積み重ねて紙一重で合格を勝ち取っていきます。そしてその土俵に、彬くんは間違いなく、今、のっている」

「何にしても、本人が志望していないものを無理にやらせるわけにはいきません。駒場東邦は、本人も納得している志望校で、説明会に行って安心してお任せできる素晴らしい学校だと思っています。変更の予定はありません」

果歩は、まだ何か言いたげな講師の電話を、多少強引に切った。

その夜。果歩は彬の二人きりのときを見計らって、思い切って尋ねてみることにした。

「ねえ、彬。ＳＳの希望さ、明日締切なんだけど、ほかに気になってる学校とかある？」

「へ？　気になってるって？　駒東でもう出したよね？」

彬は、夕飯のハンバーグを食べながら、真意が摑めないというふうに首を傾げた。

「今のクラスの友だち、みんなどこ出すのかなあ、意外に言わないんだよね。麻布って言ってるやつらはなぜか大声で話しているけど。かっこいいよねえ」

果歩は驚いて、ハンバーグを食べる手を止めた。

「かっこいい？　麻布が？」

「そりゃそーだよ！　文化祭もカッコよかったじゃん、自由でさ。偏差値60あったら、受けてみたかった！」

「そ、そうなの？　彬そんなこと今まで一度も言わなかったじゃない」

「そりゃね、子どもだって空気を読むんですよ。さすがにさ、この前まで偏差値50くらいだったのに、御三家目指す！　なんてマンガじゃあるまいし言わないよ」

果歩は、またしても内心でうむ、と唸った。自分の息子が、本音を隠していたとは。わかっているつもりでわかっていなかった。

「彬……実はね、先生から電話があってね。彬がもしも志望するならば、SSは麻布にしたらどうかと言うの。いまの彬の持ち偏差値だと、合格している子もいるにはいるんですって」

具体的な数字を明言することを避けたのは、偏差値で決めてほしいわけじゃなかったから。偏差値をベースに誘導したり、煽ったりすることだけは避けたかった。

「え！　マジ⁉　可能性ある？　俺？　麻布に行ける可能性がある？」

そのときの彬の輝くような笑顔を、果歩は忘れないだろう。

君には可能性がある、と認められると、子どもはこんなに嬉しそうな顔をするのだ。

「もちろんすべては今後の努力次第！　でも、もし彬が望むなら、挑戦も考えてみようか。ただし、可能性はそんなに高くないよ。ものすごく頑張らないと。御三家っていうのは、とにかく志願者層のレベルが高いから、やっぱり手ごわいのよ」

やるよ、俺、やってみたい。彬はそう叫ぶと、ハンバーグを猛烈な勢いで平らげ、いそいで勉強はじめるね！　と風呂場に走っていった。

そんなにあっさりとやる気スイッチが入るとは……果歩は唖然とした。今回ばかりは塾の講師が正しいのかもしれない。何もかもを掌握しているつもりだったけれど、講師もまた、3年間息子を見てくれているのだ。彬の心の変化や憧れに気づいてくれた。商売かもしれないけれど、塾もまた彬の応援団であることは変わらない。
ここはひとつ、乗せられてみよう。
果歩は息子のために、この時腹を括った。

7

秋は、あっという間だった。火曜と木曜の通常授業と、通称「土特」と呼ばれる土曜日の演習に重点を置いた授業。そしてSSが始まると、もう勉強のサイクルを回すのが不可能かと思われるほど忙しい。過去問も解いて提出しないとならないので、もはや何をやるか、というよりも何をやらないかを正確に判断することが大切、という境地。

しかも果歩の頭を悩ませているのは、麻布の算数の過去問がからっきし点が取れないということだった。冗談ではなく、60点満点で15点くらいからスタート。SSにくらいついて、どうにか11月現在、25〜30点ほどになった。しかし、麻布の1点は重い。なんとか算数で35点は取りたい。

しかし当の彬には、あまり焦りはないようだった。とにかくSSが楽しいらしい。麻布はどの科目も記述が多く、凝った特殊な問題を出すことで有名だ。その特殊性は、彬にはハマっているらしく、学校別対策はこれまでのSAPIXライフの中で一番楽しいと言う。それは喜ばしい。しかし、楽しいだけでは受からない。学校別サピックスオープンは、もちろん麻布を選んだ。結果、偏差値47。合格率は30～40％と出た。絶妙に胃が痛くなる数字だ。

それでも果歩は、相変わらず彬の前では泰然としていた。「彬にできない問題は？」「誰にも解けな～い」という掛け合いももちろん続いている。

麻布の本番では、きっと恐ろしいほど、見たことのない複雑な問題も出るだろう。そこでダメージを受けて、引きずってしまうと、微かな勝機もふっとぶ。

最後はメンタルの勝負。そして過去問をもとにした合格最低点を取りきる作戦。

伊達に中学受験と大学受験で成果を出してきたわけじゃない。安定した家庭のバックアップと、本人のメンタルが、ここまできたら合否を握ることはよくわかっていた。夫にもそのことはかなり本気で共有し、「わ、わかった、もう飲み会はいかないよ」という気休め程度ではあるが協力体制を引き出した。

こんなに胃がキリキリする綱渡りをするとは、麻布なんて志望しなければ良かった。そう思う一方で、あのぼんやりした頼りない息子が、男子御三家の一角に挑戦すると思うと、素直に込み上げてくるものがある。

いいじゃないか。こんなに面白い挑戦は人生でめったにできない。

併願校は、2日攻玉社、3日浅野、4日芝と、男子校で固めた。2日の午後に高輪の算数受験を考えてもいた。1月は、最難関の渋幕はきっと難しいだろうから、栄東、市川と東邦大東邦を考えている。

この中の一つでも合格をいただけたら、喜んで進学しよう。どこの学校にも魅力があり、あとは通学距離の問題。これらの学校なら、息子を任せることができると果歩は思っていた。そう思えば、過度に彬を追い詰める必要もない。

中学受験は通過点。ここで出た結果も、絶対じゃない。また6年後には同じように試される。だとしたら、大切なのは過程であるはず。

大丈夫、ここで人生が決まるわけじゃない。

その後、12月に彬がインフルエンザに罹ったときは、家庭に激震が走った。大事な冬期講習を3日も休んでしまうという大打撃。

しかし果歩はすぐさま気持ちを立て直す。「そういうこともある」と何度も唱え、彬の前では殊更どんと構えるように心がけた。

本番じゃなくてラッキー。そう、アクシデントがない受験なんてない。大なり小なり、予定外のことは起こる。人生と同じだ。その都度ベストを尽くすだけ。

ここにきて「受験という仕組みの中で最大限力を発揮してきた」と自負する自分の経験が活きてきた。

ただ、自分のときとは違うところもある。

1月になると、親はとたんに時間の進みが遅く感じられるのは予想外だった。毎日の緊張感はすさまじく、出願に不備がないように神経をとがらせる毎日。おまけに彬にそのことを悟られるわけにはいかない。一人でスケジュール管理をしてミスをしては大変なので、大きな紙を買ってきてリビングに貼り出し、スケジュールを家族全員で共有した。

1月下旬、感染症対策で学校を休むと決めたのは果歩だったが、勉強に関しては完全に彬と塾を信じてペースメイクを委ねた。

母のミッションは、ベストの状態で試験場に送り出すこと。睡眠と栄養を十分にとって、体調管理に徹する。果歩はただ、それだけを考えていた。

大丈夫。どんな結果になっても命を取られるわけじゃない。頑張って身につけたことを、解答用紙のうえに全部、置いてくる。そのためのコンディションを整える。

そう、すでにこの挑戦を通して、彬は大切なものを得ることができた。もちろん合格したいけれど、成果のうちの半分は、もう手にしている気がした。

慎重すぎるくらい慎重で、難題に尻込みしていた息子は、もういない。

果歩の中学受験生活最大のアクシデントは、2月1日、麻布から出てきた息子を迎えたとき。

「お母さん、お弁当に箸が入ってなかったよ！　でも大丈夫、隣の子が果物用のフォーク貸してくれた！　それと、先週お母さんが出るって言って引っ張り出してきた復習ノートの問題、なんとばっちり算数大問一題、類題だった!!　そうだよ、俺に解けない問題はない！」

果歩の目から涙があふれだす。

そう、君に解けない問題は、きっとない。時間はかかるかもしれない。
でもきっと「君だけの人生の答え」にたどり着く。

2日後、2月3日の午後3時。
彬は、夢の第一志望、麻布中学合格を勝ち取った。

エピソード3

「一歩一歩を積み重ねよう」

CAとしてフルタイムで働くシングルマザーの母。
息子の成績は低空飛行……。
果たして中学受験をする意味はあるのか⁉

息子が幼い頃に離婚、シングルマザーとして仕事と子育てに奮闘する母。幸いにも実家に身を寄せたので生活は回っているが、どうにも中学受験勉強の伴走ができない。そのせいか、あるいは夢中になっている野球のためか、息子の成績は低空飛行。このままでは第一志望はほど遠い……。撤退もちらつく中、ついに6年生になってしまう。

1

「うーん、偏差値48かぁ……」

玲奈は深夜のタクシーの中で四谷大塚の第一回合不合判定テストの結果を眺めながら渋い気持ちになっていた。

新卒で航空会社に入り、CAとして働いて18年。40歳になると、時差もステイ（宿泊を伴うフライトパターン）も結構こたえる。

だからといって辞めるという選択肢は一切ない。玲奈はシングルマザーとして息子の健太を育てている。そして何より玲奈はCAという仕事が好き。だから辞めるという選択肢はない。ないはずだ。

でも、中学受験を目指す6年生の息子の偏差値は48。こんな夜は、その絶対的な前提条件を疑いたくなってしまう。偏差値低迷の原因はうすうすわかっている。玲奈が忙しく、まったく勉強の面倒を見られないということ。そして健太が大好きな野球を続けているので週末に試合が入ってしまい、勉強時間が不足しているということだ。

「うちは時間もお金も余裕がないのに、中学受験する意味ある……？」

玲奈は眉をハの字にしてタクシーの窓の外を見た。受験生になって早々に、こんなことで悩むとは。深々とため息をつく。今日一日、国内線フライト4本を飛んだ疲れが体の節々から染み出してきた。

2

玲奈が元夫と離婚したのは健太が3歳の頃。原因は、語るに足らないほどのよくある話。幸いにも会社員の元夫は、年収からはじき出された養育費を一括で支払ってくれた。といっても、ごく普通の会社員。正直「その金額で子どもが育つなら苦労しない」と言いたいような額だ。そして夫からの離婚以降の育児サポートはほとんどない。玲奈と健太は玲奈の都内の実家に移り、高齢だがまだ元気な母と3人で暮らしていた。

離婚するときは、転職も考えた。しかしスケジュールが不規則ではあるものの、「女性の働きやすさ」を掲げる航空会社は、意外にもシングルマザーにありがたい環境が整っていた。育休をできるだけ長く取得し、幼い頃は日帰りのシフト中心にしてもらい、月に数日ある帰れない日は保育園の送迎は母やシッターに任せた。

どうにか綱渡りの幼児期を経て、小学生になったころ、健太は土日の時間を持て余し、近所の少年野球に参加。そして野球に夢中になった。幸いにも家庭の状況を知るチームメイトたちの厚意で、親の参加が少なくても、本人は楽しく続けることができた。

誤算は、健太は野球がとても上手だったこと。体が大きいこともあり、バッターとしてチームを牽引した。

「ねえお母さん、うちのチームの上手な先輩、みんな中学受験するんだ。それで野球部が強い中学に行って甲子園を目指すんだって！　俺もやってみたいな。そういう学校に行けば、高校受験で野球中断しなくていいから、強くなれるって言ってた！」

実家周辺が教育熱心なエリアだからだろうか。4年生になった頃、健太はそんな話をチームメイトから仕入れてきた。「塾に行きたい！」という健太を、どうして止める理由があっただろう。玲奈は中学受験に関する知識はほとんどなく、近所の早稲田アカデミーならば学校の友人も野球のチームメイトもたくさん通っていた。授業料を調べると、決して安くはなかったが、息子は1人。勉強したいというのだから、シングルマザーを理由に阻むことだけはしたくなかった。

かくして通い始めた早稲田アカデミー。意外にも塾は楽しく、健太は塾を嫌がることは一切なかった。膨大な宿題も、玲奈が管理できないにもかかわらず、なんとかこなしているようだった。

それだけで十分。難関校に入れたいとも、クラスを無理に上げたいとも思わない。元気に楽しく通って、そこそこの中学校に行って、高校受験をスキップして思う存分野球ができたら。それが玲奈の望み。

それに正直に言って、仕事で手一杯なのだ。学校の行事や野球の試合の付き添い、家事でてんやわんやだった。とにかく心身の健康を維持して働きつづけるのが玲奈のミッション。玲奈がつぶれては、一家共倒れ。そこに塾の宿題や偏差値や学校選びのためのリソースは残っていなかった。

だから5年生の終わりに、健太が、「志望校は早実にする。それで甲子園を目指す！」と言い出したとき、玲奈はフリーズしてしまった。

早実？　早稲田大学にくっついていて、野球も有名な、あの早稲田実業？

絶対に、偏差値も勉強量も足りない。……そもそも、シングルマザーの家庭ってそういう名門校に入れるの？

わからないことだらけの受験。玲奈は途方に暮れて健太の成績表を見た。

3

「ねえ、健太。早実に行きたいって本気なの？　だとするとさ、さすがに野球をこのまま続けるのは厳しいと思うよ」

5月に行われたNN早実オープン模試の結果を見た夜、玲奈は控え目に息子に進言した。

このテストは、早稲田アカデミー生はもちろん、他塾の生徒も参加するオープン模試。早稲田アカデミー名物、NN（何がなんでも）志望校別コースの選抜試験も兼ねている。

秋から本格的に始まる学校別の冠講座を受けるためには、この模試で基準点を突破しなくてはならない。前期1回目の選抜では、健太はかすりもせず。早実対策クラスには入れなかった。受験をした約半数が講座に通う権利を得るから、これには玲奈も少しがっかり。講座を受けても、実際に合格できるのは半分ほどだろうか。早慶附属は大人気で、実際の入試の倍率もおよそ3倍前後だから、それでも上出来だと思う。ただ対策講座にも入れないということは、そもそも望みがないということではないか。塾だって商売なのだ。ボーダーラインをそこまで高くは設定していないだろうし……。

「え？　どうして？　NNに受からなかったから？　でも去年の合格体験談に、秋のテストで受講資格を取って、そこから合格した子がいるって書いてあったよ」

「まあねえ、そういうこともちろんあるだろうけどもさ。いくらなんでも偏差値が足りないよ。お母さんもいろいろ調べたんだけど、ライバルは早稲アカの子たちだけじゃないし。なにがなんでも早実っていうおうちだと家庭教師をつけたり専門の塾にいったりしてるらしいよ。だけどうちは早稲アカで精一杯だし、お母さんもさ、びっちり働いてるから、勉強みてあげられないよ」

「最初からそんなの期待してないって。大丈夫。でもとにかくね、僕は早実に行く」

玲奈は内心、とほほ、と思っていた。素直で単純なのが健太のいいところで、母一人子一人、それにずいぶんと助けられてきた。しかし今回ばかりは、どうもその楽天的なところが仇になっている。玲奈だってそりゃ、健太の望みをかなえてやりたい。しかし偏差値の隔たりは大きい。ネットで調べると、中学受験生の親は一緒に勉強したり、間違えた問題をスキャンして集めたり……とんでもない労力を割いている。うらやましい。専業主婦だったら、それができるのだろう。しかし玲奈には不可能。そしてそれを外注する軍資金もない。この状況でただ早実、早実と連呼したところで、傷を負うのが目に見えている。

「健太、本気なの？　だったら、野球は秋までって言ってたけど、夏休みの前にお休みしたほうがいいと思う。それから、夏の終わりにある、秋のNN早実の選抜試験には合格しよう。そのために、お母さんと朝の勉強始めない？」

「朝の勉強？」

「うん！　お母さん、フライトが早番でなければ付き合えるよ！　早番はさ、4時起きとかだからちょっと早すぎるけどね。健太、今6時に起きてランニングと素振りしてるでしょう？　それをいったん、お休みしよう。かわりに6時から一緒に勉強するの。夜は10時になんとしても寝る」

「えええ⁉　そんなことしたら筋肉落ちちゃうよ〜」

「甘い！　ほんとに早実行きたいなら、今は筋肉が少し減っても勉強よ。それが嫌ならもう少し手の届きそうな学校を選べばいいだけ。人生、選択したらそれに伴う責任が発生するのよ」

「うう、わかったよ……。ＯＫ、たしかに勉強時間が足りないよな……。わかってるんだ。だけど野球を休むなんて考えられないよ」

「そうだね、気持ちはわかるよ。でも、大人になる必要があると思う。受験っていうのは競争システムだから、そこを乗り切るには情熱と同じくらい、作戦が必要。つまりね、少しばかり早く大人になるってこと。簡単に言うと、自分に勝たなきゃならないってこと」

健太は玲奈の顔を見て、真顔で何か考えているようだ。

本来、玲奈はこういうことを健太に押し付けるのは好きじゃない。子どもが転ぶ前にあらかじめ手を引いたり、障害物を取り除いたりしてばかりでは、自分の人生を生きることができないと思うからだ。

しかし、令和の中学受験というものは、すでにシステムが構築されているように見える。あまりにも大人の論理や手法が介入しすぎている。この戦いを、子どもが子どもの判断だけで乗り切るのは難しい。

そこで塾のカリキュラムに乗り、必死でくらいつく。しかしそれだけでいい結果が出ない子もいる。家庭教師、個別指導という飛び道具を出せればいいけれど、玲奈にはそれを自在に使う資金力がない。そしてそれを嘆いている暇もない。

できることは小さな、ささやかな一歩。一緒に早起きをして、一緒に勉強する。毎日の小さな積み重ねを味方につける。野球の素振りと同じだ。

玲奈は知っている。社会に出て、愚直に会社で働いてきた。プロポーズされた日も、婚姻届を出した日も、離婚届を出した日も。全部投げ出したい日もあったけれど、フライトを、一日を積み重ねた。その威力を知っている。

「健太、私たちにできるのは、コツコツ積み重ねること。それだけは誰にも負けない親子だよ。毎日を積み重ねよう」

二人はこっくりとうなずきあった。

4

「早実の合格率30％。これは難しい選択です。2月1日に早実を受験する場合は、2日は確実に取れて、かつ合格発表が当日の学校にしましょう。健太くんは野球の強い学校がいいとおっしゃっていましたよね。そうなると併願校は芝、國學院久我山あたりでしょうか。ただし芝2回は正直に言って滑り止めになりません。午後受験や1月校で確実に取れるところを受験しましょう」

秋の個人面談で、塾の講師の話を玲奈は必死でメモする。早実合格を目指してコツコツと勉強を重ね、6年生の春に比べて偏差値は上昇、塾のクラスもS2から、難関校が視野に入るS1に上がっていた。

なんとかギリギリでNN志望校別コース早実クラスの受講資格はとれたものの、合格ラインには及ばない。それでも健太は頑張っている。しかし、成績を安定させるために勉強量が必要な算数は、まだ早実レベルにはまったく太刀打ちできていないのが実情だった。

「先生……なんとか合格させてやりたいんですが、あの、今さらですが一つひっかかることがありまして」

平常授業で健太の算数を見てくれている講師は、健太が野球をギリギリまでやっていたことや、玲奈がシングルマザーで時間の融通がききにくいということを知っている。玲奈は思い切って、この数カ月懊悩していることを口にした。

「どういったことでしょうか？」

「うちは離婚していて父親がいないので……早実のような調査書がある学校は難しいんじゃないかと心配しています。インターネットで自分なりに調べたんですが、このご時世離婚は珍しくないという意見もあれば、早慶は別格だ、という意見もありました」

勉強のことはこまめに相談してきたが、このような塾ではどうしようもないことを聞くのははばかられた。しかし、少しでも情報が必要だ。もしもシングル家庭は難しいという不文律があるのであれば、やはり回避するべきかもしれない。

講師は少し考えてから、力強くうなずいた。

「私ももちろんすべてのケースを見たわけではないので、断定はできません。しかし、昨今、離婚していても、例えば大昔は厳しいと噂されていたカトリックの伝統女子校にも合格者がたくさん出ています。今は頑張った子をそのような理由で落とすことはないと思います。早実は合格者の分布を見ても、偏差値通りに順当に合格していますから。ただ、募集人数は多くないので、同じ偏差値帯の進学校よりも番狂わせはあるかもしれません。

それよりも、その不安をカバーするくらいの点数を取ること、どうして早実に入りたいのか、入ってからどんな勉強をしたいのかということをじっくり健太くんと話し合うのがいいと思います。総合的な合格力を高めましょう。健太くんのように、野球をやっていて、入学後も野球部に入りたいというのは、強みだと思いますから堂々と伝えてはいかがでしょう。所属しているチームの大会成績やキャプテンを務めたこともアピールできると思いますよ」

「そういうこともアピールできるんですか？　てっきり算数オリンピックでメダル、とか英検準1級とかそういうことしかダメなのかと……」

「お母さん、野球で都大会に出ていることも、キャプテンも、立派な実績だと思いますよ。NNでは面接の対策や志望動機の書き方についても対策がありますから、アドバイスを受けてください」

玲奈は背筋を伸ばして、大きくうなずいた。塾はもちろん商売だ。きれいごとだけではないだろう。

それでも、大枠、「子どもに合格してほしい」と思っていることは親と同じ。だったらうまく力を借りるのがいい。なにせ玲奈には参謀がいない。ほかの家庭では大人が二人いて、うまく手分けをしたりバランスをとったり補いあったりしながら受験を乗り切ることができる。

しかし玲奈は、親ミッションをすべてひとりで担い、決断も下さねばならない。講師の胸を借りる気持ちで、どんどん相談しようと決めた。恥ずかしがったりカッコつけたりしている暇はない。

「健太くんは、野球がしたいという気持ちに引っ張られて頑張っていますよね。でも、それだけじゃないはずです。それだけで早実を志望しているわけじゃない。そこのところをもう一度しっかり洗いだして、最終コーナーを回りきっていきましょう！　コツコツ、コツコツ、扉をノックしますよ。あきらめたらそこで試合終了ですから」


その夜、玲奈は塾から帰って猛烈な勢いで夕ご飯を食べる健太の前に座った。ダイニングは、二人仕様。向かいあって座って、ここで毎日ごはんを食べ、話し、勉強をしてきた。

「健太、先週の模試のことだけど……早実の合格率30％だったね。合格する可能性は、落ちる可能性より低い。でもまだあと4カ月あるから、健太が挑戦するって決めてるならお母さん全力で応援する！　ただ、ほかにもいい学校はいっぱいあるから、もしそっちもいいと思うならば変更する最後のチャンスだと思う。健太は今、率直にどう思ってる？」

「30％は正直きついよね。去年の合格人数にも、順位がぜんぜん届いてない。でも、俺はやるよ。2月1日は早実を受ける」

そう言うと思った。玲奈は内心でため息をついた。単純明快で楽天的な健太。しかし、ミラクルはめったに起こらない。不合格の可能性が高いことは紛れもない事実。

「健太さ、どうして早実なの？　もちろん野球をやりたいってことは知ってるけど……野球ができる学校、ほかにもあるよ。早実に入っても、高校の野球部は強いから、活躍できない可能性も高いよ。ああいう強い伝統校の野球部って、スポーツ推薦みたいな子もいるしレギュラー取るの大変なんでしょう？　それよりも、甲子園は無理でも野球が強い学校はほかにもあるし、そういう学校をもう一度検討してみたら？　こういう名門校って、勉強以外にも家庭の状況とか人となりとか、いろんな要素が加味されるとも聞くし」

玲奈の問いかけに、健太はしかし、しっかりとこちらを見て言った。

「俺だって、そんなことわかってるよ。まず甲子園も、野球部も、そんなに甘くない。でも、やってみなけりゃわからないじゃないか。それに、もしほかの学校に行って思う存分野球をやるとしたら、大学受験はどうするのさ。お母さんの言う通り、僕はおぼっちゃんじゃないし、いつかお母さんにラクさせてあげるためにも野球だけやってりゃいいわけじゃない。だからこそ、早実なんだよ。法学部を目指して、弁護士になる」

「はあ!?　弁護士？　野球選手じゃなくて？」

何もかもが初耳で、玲奈は思わず声が裏返る。弁護士？　たしかに健太は歴史や公民は大好きだし、記述や暗記が苦にならないタイプ。思い返せば法廷ドラマはいつも録画して見ていた。しかしそれにしてもまさか弁護士？　そんなふうに考えていたのか。そして自分なりに、家の事情と自分の夢の距離を計算していたなんて……。

「そう、弁護士。大学受験をとばしてさ、その分高校時代は野球に全力投球。みんなが遊ぶ大学時代に、ガチで資格とるために勉強するの。だから法学部の推薦を取れるように頑張るつもり。そこは俺、必死でやってみる。なるべく余計なお金がかからないように学校の勉強、絶対に頑張る。弁護士になったら、お母さんに楽させてやっから！」

いつの間にそんなことを。玲奈はあっけにとられた。12歳を、6歳の延長のように考えていたけれど。あと6年で成人でもあるのだ。

「早慶の附属にはさ、高校や大学時代に司法試験の予備試験に合格しちゃうようなやつがいるんだって。テレビで見たんだ。野球をやりながらさすがにそれは難しいと思うけど、それでも自分で勉強することを決めてやろうっていう学校だし、大学受験しなくていいのはラッキー。高校時代は野球と学校の勉強をコツコツやって、大学に入ったら法律の勉強はじめる。だから、早実。俺は早実に行く」

「……了解。じゃあ、挑戦してみようか。ものすごい山登りだよ」

玲奈は泣き笑いで、ほほ笑んだ。

ダイニングで二人。いつも二人。最少人数のチームで挑む。

「富士山とどっちがきついかなー？」

「まあ、我が家にとってはいろいろエベレスト級？　ベースキャンプまではきたって感じかな」

二人はくすくす笑いながらグータッチを決めた。


その4カ月後。

健太は早実には惜しくも届かず、第三志望校に合格。

しかしそこでの彼の結論は、驚くべきものだった。

「公立に進学して、高校受験で早実行くわ！」

関係者、全員が驚きを通り越してずっこけた。合格した学校は非常に魅力的で、玲奈からすれば申し分のない学校。塾も、進学を強く、強く勧めた。高校で早実に入れる保証はないし、とても難しいだろうという言葉はひたすらに親身になってくれたうえでの言葉だった。

しかし健太は、「甲子園を目指しながら早慶に入りたいんだ。将来、弁護士を目指せる環境に行きたい。野球は中学時代にシニアでやって、高校受験と両立を目指す。お金は貴重だし」と譲らない。

長い時間、二人は話し合った。最小限、二人三脚のチーム。外の意見は遮断して、心のうちをすべて隠さずに、意見をぶつけあった。

そして結果的に、玲奈は彬の決断を尊重した。

彼の「公約」は、3年後の春、果たされる。早稲田実業学校高等部に合格、もちろん目指すは野球部レギュラー。

素振りと朝勉強の親子のルーティンが、中学時代も一日も欠かさず続いた成果だった。

エピソード4

「親としての胆力を試されている……でももう限界！」とにかく中学受験に向いていない娘。共働きで勉強を見る時間がない母の誤算

のんびりしていて、習い事のチアリーディングを楽しみにしている娘。大手塾に入り、コツコツやっていく作戦を立てた母だが、次第に娘は中学受験に向いていないのではという疑問が湧く。そこで近所の塾を徹底リサーチ、小規模な塾に変更。果たしてその選択は吉と出るか、それとも……？

1

「ゴールデンウィーク特訓、どうだった？　うちの子、意外に特訓が楽しかったみたい！」

ママ友の話を、由梨はうんうんとうなずきながら聞いていた。

そうそう、みんなで長時間頑張る特訓は、意外に楽しいのよ！　と言いたい。

しかしそれは「自分が昔、中学受験生だったころ」の体験であって、娘の話ではない。

30年も前の自分の受験話をするなんて滑稽だとよくわかっているから、由梨は謹んで、聞き役に回るのが常だ。

しかし吹聴こそしなくとも、由梨のなかにはあの頃の記憶が鮮明に残っている。

「充実した中学受験勉強と、そのあとの高校受験のない6年間を過ごしてほしい」という思いと「圧倒的に短い受験勉強で第一志望にあと一歩まで迫った自分の子ならば」という期待が、一人娘の美菜に中学受験を勧めた理由。

由梨は自分の中学受験体験について思いを巡らせる。

あの有名な「魔の1992年中学受験」の当事者として。

2

由梨は小さい頃から本が好きで、暇さえあればずっと本を読んでいた。すぐに熱が出てしまう体質で、あまり無理をさせてはいけないと親は考えたのだろう。習い事もピアノくらい、あとは家で本を読んでいるような子だった。

もう少しで6年生という2月に、自宅マンションの向かいに大手の塾ができた。親に大した意図はなかっただろう。その頃には体力もずいぶんついていて、もうむやみに熱を出すこともなかったから、そろそろなにか習い事か塾でも、ということで無邪気にその塾の体験授業を受けた。

「由梨さん、体験授業後の入塾テスト、国語が満点でした！　何年も通っているほかの教室の生徒でも半分もできたら上出来の月例テストですよ！　記述の勉強はどこかでしたんですか？」

テストの結果を親子で聞いたときの塾の講師の高揚した様子は、今でも覚えている。そりゃそうよ、どれだけ本を読んでると思ってるの。由梨は内心えっへん、といばりたい気持ちだった。

「そして社会や理科も、これまで受験勉強をしていなかったとは思えない、平均点にあと20点までとれています。もう新6年生ですからね、初めてテストを受けてこの成績なら難関校も目指せるかもしれませんよ」

はあ、と、中学受験に疎い母親は生返事をしていた。由梨はたしかに学校の成績は良かったので、高校受験では近所にある都立の名門を目指せたら、なんて話題が家庭で出ることはあった。しかし1990年代当時、中学受験は一部でブームはきていたものの、まだ一般的ではなかった。そんな状況で塾だけが、「金の卵が入ってきた！」とばかりにテンションが上がっていた。

かくしていつのまにか中学受験の世界に足を踏み入れた由梨。勉強は始めると楽しくて、長時間の通塾には戸惑ったが、すぐに慣れていく。とにかく先生が熱心で、取りこぼしているそれまでの単元をいくらでも補講してくれた。

周囲のみんなが2周目、3周目の単元も、由梨には初めて学ぶこと。すぐには勉強の成果は表れなかったが、国語に関してほとんど何もしなくても偏差値は70近かったこと、本を乱読してきたおかげで理科社会の基本的な素養や知識があったことが奏功した。夏の終わりには、偏差値は合不合判定テストで60前後に。

秋の特訓で、御三家志望の選抜クラスに入り、少し遠い校舎まで通うことになった。いつのまにか自分の校舎では1番になっていたから、御三家選抜クラスで出会った仲間には衝撃を受けた。さらに女子は桜蔭、女子学院、雙葉のクラスに分かれていて、由梨は幅広い知識量とスピード勝負の女子学院に目標を定めた。文化祭の、自由でパワフルな雰囲気にも惹かれた。併願校は、当時は今ほど難しくなかった豊島岡をはじめとした伝統女子校を選び、どこに行ってもいい学校だと思える、ある意味理想的な状態で受験に突入。

なにせ、受験勉強を始めてまだたったの1年。社会などは歴史や公民は仕上がっていたが、地理は穴だらけで受験直前の1月に先生がマンツーマンで叩き込んでくれた。各地の名産物や特徴、位置、形、県庁所在地が完璧に仕上がったのは、1月下旬だった。

それでも、決して記念受験ではなかった。最後の模試の合格率は60％。最後の最後まで伸び続けたはずだったから、2月1日の合格率は70％くらいだったと思っている。

しかし何があるのかわからないのが一発勝負の中学受験。とくに由梨が受験した年、1992年は特別だった。

1月31日の夜から始まった降雪。深夜のうちに、予想を大幅に上回る大雪になる。都内でも15㎝以上の積雪を記録したそうだ。目が覚めて、一面の銀世界。真っ青になった由梨の両親と3人、家を早朝に飛び出した。

当時はインターネットも発達しておらず、電車が運休しているのを知ったのは人でごった返した駅についてからだった。どの路線が辛うじて運行しているのか、どの駅で乗り換えれば目的の駅に迂回できるのか、調べる術はない。

学校も開始時刻を大幅に繰り下げてくれた。しかし、由梨が到着したとき、すでにテストは始まっていた。得意の国語からだったような気がする。記憶は曖昧だ。まだ12歳、そうとは自覚していなかったが、パニックだったのだろう。

しかし、唯一よく覚えていることがある。社会の地理部分で、前日まで先生と特訓した問題に似たものが出た。それは神様がくれたちょっとしたご褒美だったのかもしれない。「最後まで頑張ったことを、発揮することができた」という記憶は、その後ずっと由梨を支える。

1992年組の受難はそれだけでは終わらない。さらに2月2日の朝、震度5の大きな地震が発生。前日以上に交通網は混乱した。この雪と地震で運命が変わった子は大勢いただろう。由梨も女子学院、そして合格間違いなしと言われていた2日校の豊島岡ともに不合格。

しかし由梨にとって中学受験は決していやな思い出にはならなかった。

1年間だけど、全力で駆け抜けた。不運もあって合格には及ばなかったけれど。

その手応えは、シンプルに「やれば実力がつく」という感覚を残した。

親になって思う。全力を尽くしたという感触、最後まで頑張ったという自信こそが、子どもに渡したいもの。中学受験を通して得てほしいものにほかならない。

だから結果は問わない。自分だって、いろいろ注釈はつくものの、第一志望合格という夢はかなえることはできなかった。中学受験において第一志望に合格できるのは3人に1人とも言われている。頑張ったから結果がでるとは限らない世界なのだ。

だからこそ結果よりも、過程を。それこそ由梨が受験に求める「物語」だった。

しかし子育てはいつだって予定通りにはいかない。

娘の美菜がまさか、その「過程」にさえもちっともコミットしないとは、思いもよらなかった。

3

美菜を、一般的な中学受験勉強の開始時期である新小4から大手塾に入れたとき、由梨はちょっと早いかな？　と思っていた。カリキュラムがそこから始まるから、それが取りこぼしがないのは間違いないが、由梨のように多少遅れて入っても、短期集中で頑張る意志と多少の適性があれば、4年の夏休みからでも間に合うような気がしていた。

ところが、大手塾の入塾テストの結果は、ギリギリ。なんとか一番下のクラスに入ったものの、そこから1年間の成績は、鳴かず飛ばずという表現がぴったり。

「早生まれだからねえ、調子が出るまでにしばらくかかるよね」

夫とそんなふうに話しながら、その時を待っていた。

きっと精神的に成長するに従って、知的好奇心も旺盛になり、もう少し自主的に取り組むようになるはず。

自分は親に「勉強しなさい」と言われた記憶がない。親の役割は、子どもを信じて、応援し、衣食住を整えて勉強に集中できる環境を作ること。それからお金をしっかりつくること。

……しかしいつまでたっても美菜が、かつての由梨のように本気で勉強することはなかった。

おかしい。そんなはずはない。塾は大変だけど、友達と先生と切磋琢磨するうちに、もっと勉強をしたいと自然に思うはず。

それが幻想だったことは、まもなく5年生というタイミングで偏差値38を出したときにようやく理解した。

38、という数字もさることながら、テストを見れば授業にはついていっていないことが明らかだ。家でもほとんど自分から勉強しようという姿勢がない。宿題はいやいややっているけれど、採点もろくにできていない。見かねて由梨が採点をして、間違えたところを直すように再三伝えたが、その必要性がわからない以上、宿題が終わったらすぐに公園に遊びに行ってしまう。

「美菜！　だめだってば、やり直しをしなけりゃ、何も意味がないのよ。暗記だって、テストの前にやってもほとんど定着しないよ。毎日少しずつ繰り返して、ようやく身になるのよ」

もうすぐ5年生という焦りもあり、その頃には由梨もそのくらいの「お説教」をしてしまう。でも肝心の美菜は、母の焦りなどどこ吹く風。

「大丈夫だって、6年になる頃にはできてるよ～」

一向に火が付かない娘を見て、由梨はとうとう転塾を考えはじめた。

基本的には「できる子はどの塾に行ってもできる」と思っている由梨にとって、成績が上がらないという理由で塾を替えるのはあまり好ましくない。でも、大手塾の良さである安定したカリキュラムやクラス昇降、ライバルの存在といったメリットを、美菜はまったく享受していない。

なんとなく教室に座っているし、クラス昇降にもそもそも興味がないのだ。

美菜は小学校1年生から、小学校の体育館で練習ができる民間のチアリーディングに通っていた。授業が終わってからそのまま体育館で練習をしてくれるのが共働きの由梨にはありがたくて、同じ小学校のお友達と楽しく通っていた。平日は週2～3回、それから土日のどちらかに練習があって、自由に参加していい。1回500円を持っていけばOKという気楽さで、好きにさせていたら、気が付けば週5回、練習に参加することもあった。

中学受験することになったときも、さして抵抗もしなかった美菜だが、チアは週3回行くと言ってきかなかった。由梨も、体を動かして、チークワークも身につく活動に反対するつもりはなく、通わせ続けていた。小6になったらお休みすればいい。先輩たちもみな、受験をする子は6年生の5月の大会に出たあとはお休みをすると聞いていたから、由梨もそのつもりだった。

しかし、これほど成績が上がらないと話は別だ。まず5年生はもっと面倒見がいい、少人数制の塾に移動しよう。そしてチアも、せめて週2回にして、土日も勉強をしないと。

「え？　塾を替えるのはいいけどさ、チアは3回行くよ。6年生も絶対休まないから！」

え？　そうなの⁉　由梨は思わず天を仰ぐ。そんな調子で今から成績を盛り返すことなんてできやしない。両立できる子もたくさんいるだろう。しかし美菜は、勉強と両立できるほど器用なタイプではないとわかってきた。

いや……そもそも、中学受験というものにさっぱり向いていないのではないか。地頭がよく、早熟な子が有利というネットの記事を読んだことがある。もし現時点で勉強が得意じゃないならば、本人の成長を待って高校受験にしたほうがいい。大多数の子は中学受験などしないのだ。勉強が苦手なのにわざわざ参戦することもないだろう。

少しは宿題などを見ているので、美菜の勉強ぶりはわかっている。由梨が致命的だと思うのは、美菜は難しい問題が出てくるとたんに不機嫌になるところ。とくに大の苦手の算数でその傾向が強い。「そうかこんな解き方が！」というようなことで喜んでいるのを見たことがないし、むしろ「なんなのこの問題！　解けるわけないし」と腹を立てている。癇癪を起こしてどこかに行ってしまうことさえある。

とにかく、今のままこの進度の速い塾の最下層にいても事態が好転するとは思えない。由梨は1週間、睡眠時間を削ってインターネットで塾情報を調べ続け、少人数制の塾に狙いを定めた。

4

その塾は、とにかく面倒見がよく、美菜には雰囲気はフィットしていた。途中から入塾して、うまくクラスに溶け込めるか心配もあったが、1クラス10人程度の3クラス制で、そんな心配は無用だった。

美菜は一番下のクラスで入塾し、そこから少しずつ上がる……予定だったが、5年生の1年間まったくクラスは動かなかった。首都圏模試に準拠した塾だったので数カ月に1度、テストを受けている。偏差値は40台前半。そこから何かの重しが載っているのかと思うほど、上にいかない。

しかし由梨には、がみがみ言えない事情もあった。なにせ由梨が勉強を見ている時間は、平日はほとんどない。夜7時に帰宅し、美菜が塾から帰る8時30分までに家事と夕飯の支度をする。チアの練習がある日の美菜は4時から6時は学校の体育館で放課後を過ごす。本当ならば、そこも勉強時間にするべきだし、それでも足りないのだろう。

しかし、由梨が仕事でいない間に楽しく時間を過ごしてくれていることはとても感謝していた。共働きで、寂しい思いをさせているのではないかという罪悪感を減らしてくれる。第一、本人が大好きでやっている習い事を、成績が上がらないからという理由で一方的に辞めさせるのは……なんというか、しっくりこない。

多分甘いんだろう。そんなことを言っている時点で中学受験生に伴走する親として覚悟が足りない。

ただ、最近はそこでチアを辞めて偏差値が5や10上がって、それでどうなるのかという気持ちも湧きつつある。

偏差値が3違う学校があったとして、「どちらがその子にとっていい学校か」を決める要素は偏差値以外にいくつもある。校風、距離、たまたまそこに集う友人たちとの相性、進学実績……。偏差値3程度の差はいくらでも変動する。じゃあ偏差値の差が5のときは？10なら？

冷静に考えて、人気投票の結果に近い偏差値という目安の数字に、小学生時代のすべてを犠牲にしてまで振り回されるなんてもったいないような気がしてきた。

親としてやるべきことは、無理をしすぎずに入れる、通える範囲で子どもにぴったりの学校を探すことかも……？

由梨は、そんなことをぼんやりと思う。でも、正解はわからない。甘えているだけかもしれない。ぐるぐる考えて、途方に暮れた。

中学受験生の母の責任は重大だ。自分のことなら構わない。でも子どもにとってのベストを見誤るわけにはいかない。慎重にも、臆病にも、パニックにもなりうる。

恐れやプライド、希望、夢、意地、祈りを抱えて、母たちは手探りだ。

5

6年生になった。その少し前、何度も話し合い、由梨と美菜は決断を下した。チアは、夏前の大会まで続ける。それまでは週2回の練習と勉強の両立を目指すこと。その範囲で、行ける中学受験を探すこと。

これは、由梨にとって、人生のなかでも指折りの「宗旨替えの瞬間」だったと思う。

「それってさ、中学受験する意味ある？　もう高校受験でいいじゃん」

夫の敏明がきょとんとした顔で放った質問は、ストレートがゆえに由梨にさっくりと刺さった。

確かに……現実的に美菜が行けそうな中学を想定すると、そこまで頑張って、おまけに年間200万円近くをかけて受験勉強をするほどなの？　という疑問は否めない。

ここですっぱり撤退するべきなのだろうか？

だが、美菜は中学受験もチアも続ける！　の一点張り。

ここで「本人が受験したいっていうから〜」と言って思考停止し、続けさせるのは簡単だ。でも由梨はなんだかそれは卑怯な気がしている。

子どもはさまざまな理由から「受験したい」と口にする。女の子なら友達関係も次第に複雑になり、本来は個人プレーであるはずの中学受験をする・しないの判断に、友達の動向が影響することもある。

そんな背景をすべてひっくるめての「中学受験はやめたくない」なのだ。親の顔色を見て言っている可能性も高い。それを逆手にとって、「あなたの意志でしょ！　やるって言ったよね！」というのは言わないと決めていた。

母は肝に銘じなくてはならない。

中学受験に参戦させたのは親の思惑が大きい。たとえ子どもの将来のためが出発点だったとしても、誤解を恐れずに言えば、「親が中学受験させたいと思ったから子どもを誘導し、勉強してもらっている」状況。

そのことを忘れると「こんなにお金をかけたのに成果を出さない」とか「やる気がないならやめていいよ」とか、最後には「自分がやりたいっていったくせに勉強しない」などと口にしてしまう。

その気持ちが、言葉が、まったく由梨のなかにないといったら大嘘。ちっとも上がらない成績や、テスト前なのにこっそりマンガを読んでいるのを見たとき、由梨だってイライラしてそんな気分になる。だからこそ、大前提を見失わないようにいつも目を閉じた。

「中学受験では、親としての胆力を試されている」

由梨が腹を括った瞬間だった。

もしかしてコスパは最悪かもしれない。チアと受験、二兎を追って、全滅する可能性もある。

それでも現時点で精一杯考えて、由梨は信じた。

勉強とチア、どっちもやってみたいという美菜の気持ちを大切にしよう。たかが中学受験。命を取られるわけじゃない。全部が理屈で割り切れるわけでもない。

……そう固く誓ったはずなのに。

2月2日の夜、由梨の胸に湧きあがるのは、1日、2日の午前午後合わせて一つも合格を握れていない焦りと、もっと必死に勉強だけに専念するべきだったのではないかという後悔だった。

6

1日に続いて2日の不合格を知らせる電話をしたとき、夜遅くにもかかわらず塾に残っていた先生が、結果を聞いて絶句した。「だから言ったじゃないか……」と言外に責められているような気がして、由梨はぎゅっと目をつぶった。

美菜の持ち偏差値は四谷大塚で40台後半。必死の追い込みで、なんとかそこまでは持ってきた。

いざ志望校選定となったとき、絶対条件として美菜が譲らなかったのが「チアリーディングの部活があること」。

なかでも、大会入賞の常連である恵泉女学園を第一志望としていた。ほかにも、頌栄女子学院や山手学院、法政第二、青稜などが候補。どこも素晴らしい学校だが、すべて美菜の偏差値ではチャレンジ校となる。

面談や話し合いを重ね、1日、2日はこれらの学校に挑戦するが、ダメだった場合は3日以降、押さえの戦略に切り替えることが絶対条件となった。

しかし2日午後、青稜の受験会場から出てきたとき、美菜の顔は蒼白だった。どうやら出来は聞くまでもないようだ。由梨の心臓がぎゅうっとなる。実は昨夜のうちに、1日に受験した頌栄と恵泉が不合格であることはわかっていた。

しかし翌日への影響を考えて、本人には「すべての結果は3日まで言わないよ」ということにしてあった。

でも美菜は、合格していたら2日を受けに行くはずはないと内心ではわかっていただろう。今朝起こされて、受験を続行したことで、うすうす感づいているはず。

由梨もまた、事前にそのように告げていたものの、実際1日に合格していたら、夜中に起こしてでも一緒に喜びをかみしめる予定だった。

「いまから塾に行く？」

由梨が、最終戦を前に先生に励ましてもらったほうがいいのかもしれないと、ささやくように尋ねる。

「大丈夫。早く帰って、明日に備える」

美菜は、前を見つめ、言葉少なに歩き始める。由梨は、その後ろ姿を早足で追った。

ここが正念場だ。

由梨は必死に頭を働かせる。1日と2日で持ち偏差値以上の学校に全敗したら、ここからの受験はより熾烈な椅子取りゲームになるだろう。偏差値だけではかれない悲壮な競争が、中学受験の後半戦なのだ。

残念ながら美菜の学力は、このまま恵泉の3回目に挑むレベルにないようだ。思い切ってぐっと安全な学校に下げるべきだと、由梨の頭のなかでアラートが鳴っている。

しかし由梨がそのことを提案しようと口を開きかけた瞬間、前を歩いていた美菜が振り返った。

「ママ、私は明日も午後、恵泉を受ける。ここでひよると、一生後悔するから」

歩きながら、きっと美菜も同じことを考えていたのだ。そして、母と子の結論は対照的。

「でもね美菜、3日の恵泉は激戦だよ。もっと入りやすい、チアができる学校もあるから。出願もまだ間に合うよ。ママ、調べておいたの。とにかく塾にも相談してみよう」

「恵泉は受ける。私、チアやるために中学受験してるんだもん」

「そんなことして、またダメだったらどうするの……ママ、美菜が泣くのを見たくないの。中学受験させたのはママ。どこかに合格させるのは、ママの責任なのよ。お願いだから、先生のところに一緒に行って、相談しよう」

するとと美菜はふるふると首を振った。

「恵泉、受けるよ。今度こそ、絶対にとる」

――ああ、この子は、この土壇場でようやく一足飛びに大人になったんだ。

由梨は、美菜の顔を見て、震えるような喜びと、悲しみが同時に湧いてくるのを感じた。

この逆境で、それでも絶対に受かると自分を奮い立たせるなんてことを、小さかった娘がいつの間にできるようになったんだろう。

そしてそれほどに、今、美菜は追い込まれている。

「……わかった。じゃあ、また明日恵泉を受けにいくか！　こうなったら何度でもノックしよう！　その代わり、4日と5日の受験パターン、ママ今から先生と作戦会議してくる。受験、長引くかもだけど、そこは頑張るしかないよ？　最後までやってやろうじゃないの」

美菜は、こっくりとうなずいて、母に駆け寄り、抱きついた。


中学受験は、結果がすべてじゃない。

そのことを、過去に身をもって体験しているのが由梨の強み。

今こそ、それを正しく役立てよう。

しかし結果的に、由梨が講師と話し合って決定した4日以降の作戦が決行されることはなかった。

2月3日午後11時、美菜は決意表明の通り、恵泉女学園第3回入試に合格した。持ち偏差値よりもずっと上、倍率を考えても奇跡のような合格である。

夜中のリビングでPCの画面をクリックして合格を知った瞬間、歓喜と安堵で、由梨は夫と無言で抱き合った。それから一度は翌日の入試のために寝かせた娘を起こしにいくと、美菜はベッドの中で天井を見つめ、じっと待っていた。

母が、合格を知らせにくると信じていたのだという。

大逆転を決めた娘を、由梨は号泣しながら抱きしめた。

「やったー！　これでチアがずっとできるね！」

最後の最後までまったくぶれない美菜の言葉を聞いて、由梨は泣き笑いで、感嘆のため息をこぼした。

エピソード5

「地頭が悪いから仕方ないのよ」
姑からのプレッシャーを受け続けた母が、ついに口にしてしまった禁断の一言

「孫は母親に似て勉強ができない」と、姑から暗に言われていた母。くやしくて幼児教育、早期教育、低学年からフォトン算数クラブ、満を持してSAPIX、と子どもに与え続けてフォアグラ状態。5年生のとき、早稲田アカデミーに転塾。しかし、肝心の6年生、どうにも振るわない。これまでの投資、努力……そして何より脳裏に浮かぶ姑の言葉。ついにストレスがマックスになった母は、禁断の一言を息子に囁いてしまう。

1

「うそでしょ……!?　NN開成の受講資格がないってこと!?」

夏美はショックのあまり、思わずパソコン画面の前で固まった。

早稲田アカデミーのNN志望校別コースのことは、以前拓馬がSAPIXに通っていた頃から知っていた。NN「何がなんでも」というその名の通り、志望校の対策を1年間かけてやるというもので、そのネーミングもあってインパクトは絶大。早慶附属志望だと、なかにはSAPIXの学校別特訓であるSS（サンデー・サピックス）特訓と掛け持ちする子もいるという。

とにかく、NNに入らないと始まらない。しかし、NNを受講するにも基準点を超えなくてはならない。定期的に行われるNN志望校別模試で、基準以上の成績をとって資格を得る必要があった。毎年の合格者数を考えると、そのあたりが可能性のある子と塾は考えているのだろう。

――NN開成に入れないって……どうしよう、またお義母さんに何を言われるか……。

夏美は何かの間違いじゃないかと何度もホームページの模試結果ページをリロードする

が、何度見ても志望者順位は下4分の1。偏差値は40台前半で、ひどい有様だ。母集団が開成志望者でハイレベルなのだから仕方ない……夏美はそう考えるように努力するものの、動揺のあまり心臓がいやな音を立てている。

――NNに入れないなんて、何のためにSAPIXを辞めたの!?

夏美は5年生の秋の苦渋の決断を思い出す。

拓馬は新2年生からSAPIXに通っていた。最寄りの校舎が埋まってしまうという噂を聞いて、席を確保するために入塾した。しかし実はそれよりもさらに早く、難関校へ8割以上を合格させるということで口コミが広がりつつあったフォトン算数クラブに入塾していた。

このフォトン算数クラブに入るために、さらに家庭教師をつけていたことは、さすがにママ友の誰にも言っていない。この塾は非常に少人数しかとらず、1年生と2年生の秋に年1回だけ行われる飛び級コースの選抜試験の倍率は5倍前後。

しかしひとたび入学すれば、驚異的な先取りカリキュラムに乗ることができる。非常に進度が速いと言われているSAPIXのさらに1年前倒し、中学受験のカリキュラムを5

年生までに終わらせることができる。そして生まれた余剰時間で残りの科目を補強しつつ、得意の算数で逃げ切る、というのがこの塾の戦略だ。

この塾の広告を6年前に見つけてきたのは義母。塾が林立するエリアに住んでいるが、この塾のことは知らなかった夏美を、義母は失望の目で見た。

「夏美さん……もう少し情報に敏感にならないと。私が栄太を開成に入れたときは、ちょうどSAPIXができたときでね。TAPのすごい先生が新しく作った塾だっていうんで、人形町まで電車で送り迎えしたのよ。結局ね、中学受験は母親にかかってるの。もっと情報を集めて、一番いい環境を拓馬にそろえてあげてちょうだい。うちの男は開成・東大が必須なのよ。あなたにはわからないでしょうけど……開成・東大でないと行けない世界、見えない景色があるのよ」

なんだその景色。夏美はその頃はこっそり毒づく気力があった。授かり婚で結婚したので、交際期間は10カ月。実を言うと、食事会で出会った栄太は、夏美が受付スタッフとして派遣されていた文句ない一流企業勤務の東大卒で、付き合っているときは友人に自慢もしたものだった。しかしそんな彼の「生い立ち」と「背景」について夏美はあまりにも無知だった。

バタバタと結婚の段取りが決まり、お腹の子が男子だとわかると、それまでおっとりと構えていた栄太の母が何かと口を出してくるようになった。どうやら義母は一人息子の栄太が開成という中学校に入り、猛勉強して東大に入ったことはほとんど自分の手柄であると自負しているようで、そのルートを死守するように夏美に命じた。

開成ってそんなにすごいの？　と首を傾げていた夏美も、拓馬が小学校に上がる頃には、この家では中学受験が絶対で、開成というのは男子御三家のてっぺん、神童が行くところなのだと理解していた。

東京出身のママ友たちは、栄太が開成で東大だと知ると羨望のまなざしを向けた。

「いいなあ、それじゃ拓馬君もきっと賢いね、開成いっちゃうね」

それまで、義母に誘導されすぎてむしろ反発を覚えていた開成という学校名。しかし、ママ友たちの言葉は、それまでどちらかというと夫の親族内で冷遇されていた夏美の耳に甘く響く。

あれ？　もしかして、私、「優秀な子」のお母さんになれる？

義母が持ってきたフォトン算数クラブのパンフレットをめくってみる。早慶以上に8割以上合格。ここに入れれば、エリートのレールに乗れる。

中学校で早慶レベル、というのがどのくらい難しいのか今一つわからなかったが、きっと大学で早慶と言えばとても難しいのだから、その附属だって大変な難しさであるはず。そこにほとんどの子が入るとは、この塾に入塾できればプラチナチケットを手にするということ。

そして、そんなフォトン算数クラブでさえ実績として高々と掲げている開成は、本当に難しい学校なのだ。栄太の息子である拓馬なら、その開成に入れる可能性があるはず。

夏美のスイッチが、かちり、と音を立てて入った。

2

フォトン算数クラブに入るための選抜テストは年に1回しかない。毎年11月〜12月に実施されるので、情報を得た小学1年生の時点で、残り半年しかなかった。夏美は迷わず、家庭教師をつけることにした。幸い義母が大喜びでお金を出してくれる。そればかりか夏美が探してきた大手の家庭教師センターを一蹴し、1時間1万円もするプロ家庭教師を探してきて拓馬に週2回もつけた。

猛勉強の甲斐があり、なんと拓馬は入塾テストに合格。その時は一家でもはや中学受験本番に合格したかのような大騒ぎ。

——やっぱり拓馬は特別な子なんだわ！　開成に入れる……中学受験の頂点、開成にきっと行ける！

その日から夏美はまだ幼い息子に完全に伴走した。夫の栄太は商社マンで激務。出張も接待も多く、休日は疲れていて口ほどには受験に協力してくれない。専業主婦の夏美が拓馬の教育主担当として激走する。

算数塾の効果で、3年生の間はＳＡＰＩＸでも上位クラス。何度か7クラスある最上位にも入った。

「僕、算数得意だよ、みんなそんなことも知らないの⁉︎　って感じ！」

夏美はメガネをかけて少しぽっちゃりした息子に頬ずりしたいような気持ちになる。数ある受験塾の中でも開成合格者数ダントツを誇るあの塾で、さらに算数が最上位にいるのならばもはや開成は間違いないのではないか……。得意の絶頂になった。

正直にいえば、もはや拓馬がやっている問題は夏美の手には負えない。それを教えることはできないから、わからないところは家庭教師に聞ける態勢を整えた。一人息子が開成に入るためだと思えば、栄太も何も言わなかったし、義母は喜んで資金援助もしてくれた。

ところが、その有頂天期間はそう長くは続かない。

新5年生の組分けテストで、偏差値は45になった。とても大切なテストで、準備はぬかりなかったはず。採点されたテストを見直すと、これまで得意だと自負していた算数がいまひとつ。そしてほかの科目はさらに不安な結果だった。

——テストの結果で一喜一憂しちゃだめって本にも書いてあったし。ちょっとミスが重なっただけよ。大丈夫。

夏美はテストの結果が印刷された冊子をぎゅうっと握りつぶした。これではα落ちどころか真ん中より下のコース。義母に何を言われるか……。

気のせいだと思いたかった夏美の祈りをよそに、拓馬の成績はそこから低迷した。がりがりやらせると、理科と社会はなんとか持ちこたえたが、肝心の算数と国語が振るわない。とくに国語の長文読解が苦手で、それは難関校を志望する子にとっては非常に不吉な予兆であった。

拓馬の成績が下がるにつれて、義母がうるさく口を出してくるようになった。

「今のＳＡＰＩＸは親の力量が試されるっていうじゃないの。夏美さんがしっかりしないと。どうせ何もかもわからないんだから、あなた一緒に勉強したらちょうどいいじゃない」

夏美は最初、何を言われているのかよくわからなくて、ぽかんと義母の顔を見た。

馬鹿にされているのだと理解したときには、もうすでに反論のタイミングを逸していた。

「やっぱりねえ……どんなに早くからやっても地頭が良くないと、最難関は難しいのね。せっかく飛び級で算数をやっても、結局は地頭のいい子に抜かされちゃうのよ。ウサギと亀みたいにはいかないのかしら……」

夏美がいないと思って、義母がそんなことを栄太に言っているのを聞いてしまったこともある。そこで反論してくれればまだ救いもあったが、栄太はため息まじりに「そうだよなあ。東大同級生夫婦の家は、やっぱり今年、開成入ったもんなあ。それが正解だったなあ」とつぶやいた。

あの瞬間、夏美は孤立無援になった。

3

そして5年生の秋。夏美は転塾を決意した。

このままSAPIXにいても、開成に受かるとは思えない位置に、拓馬はいた。5年になってからはよくても7クラス中3番目。悪いときは6クラス目に落ちたこともある。開成に入るためには最上位にいることが求められるはずなのに、そもそも塾はちっとも拓馬に目をかけてくれる感じがない。ドライな塾だとは聞いているから、この成績ではこの先もてこ入れしてもらえることはないだろう。

――困るのよ！　絶対に、絶対に開成に入れてくれなくちゃ……！

もっとほかの塾に行けば、きっと拓馬を伸ばしてくれるはず。栄太の息子なのだ。これが実力なわけがない……。

夏美が次に門をたたいたのは、SAPIXに次いで難関校に大勢を送り込んでいる早稲田アカデミー。もともと、こちらのほうが自宅から近いところに校舎がある。SAPIXよりも宿題が多いとも聞くし、きっと面倒見がいいはずだ。

かくして早稲アカ生となった拓馬は、慣れてくると上位のクラスに入れるようになった。

「よかったねえ、拓馬。この調子で成績を上げて、春にはNN開成に入ろう！」

「うん、そうだね」

気合が入る夏美をよそに、この頃から拓馬は淡々としはじめる。口では開成志望、と言っているがどうにもスイッチが入らない。

——これって、ちょっと燃え尽きてる？　塾に通い始めて4年……どうしよう、肝心の来年、ラストスパートがきかなかったら!?

早くから無理に勉強させすぎたのでは、という気持ちが湧いてきそうになるのを、夏美は必死で押しとどめる。

亀が、目覚めたウサギについに猛追され、抜き去られているのでは？

いや、そんなことない。最近の中学受験は昔とは違うと言うし。今はどれだけ早く勉強を始めるかが勝負。間違ってはいない。夏美は必死で首を振る。義母の顔が浮かんだ。

「ねえ拓馬、NN開成に入ったら、同じ志望校の仲間がたくさんできるんですって。先生もね、一番いい先生がつくのよ。塾だって一番力を入れているのが開成合格者数だもんね。きっと拓馬を合格させてくれるわ」

ここで夏美は、一つの落とし穴にはまる。塾は「入れば何とかしてくれる場所」ではない。フォトン算数クラブも、ＳＡＰＩＸも、早稲田アカデミーも、ＮＮもＳＳも、どこにいようとも結局、子どもがコツコツと頑張るしかない。魔法も、裏道もなく、勉強はある意味で公平だ。

しかし夏美はそれを自分の経験から推しはかることができなかった。義母の言葉や塾のシステムを鵜呑みにし、表面的に適応しようとした。

もう少し早く、そのことに気が付いていれば……。

ＮＮ開成不合格の通知を見て、夏美はこれまでの「間違った心の拠り所」が音を立てて崩れていくのを感じていた。

4

「それで、どうするの？　だから私は反対だったのよ、塾なんてね、替えたって仕方ないの。受かる子はどこにいたって受かるんだもの」

義母の無責任な物言いに、夏美は絶句する。その理論でいけば、どこの塾にいたって拓馬はダメだということではないか。

「とにかく、先生に頼んでみます。ネットには、数点足りなかったけど特訓してもらって秋のNNからは入れたっていう話も載っていました」

言い争っても仕方ない。夏美はぐっとこらえて、できるだけ冷静に答えた。

「でもねえ……あんな小さい頃から塾に入れて、特訓クラスにも入れないんじゃ……拓馬はもしかして、地頭が悪いのかもしれないわねえ。想定外だったわ。夏美さん、あなたはピンとこないかもしれないけど、最難関の学校に行くような子は小さい頃からわかるのよね。栄太の小さい頃はね、広告の漢字も一度見たら覚えたし、地図パズルも1回やったら完璧で……」

「お義母さん、何が言いたいんですか？　拓馬は栄太さんとは違うから、私に似たから、開成は無理ってことですか？」

「そ、そういうわけじゃないけど……」

夏美が反論したのは、結婚してから初めてだったから、義母は目を白黒させて口ごもる。

しかし夏美の怒りは収まらない。

「二言目には栄太栄太って言いますけど、確かに栄太さんはすごいけど、時代が違うんです！　今の子は昔よりもずっと勉強しているし、家庭教師や個別教室と大手塾の併用もめちゃくちゃ増えてて……そんなに簡単に開成になんて入れないんです！」

「か、簡単⁉　あなた、栄太と私が簡単に開成に入ったっていうの？　夏美さん、居間に貼ってある写真を見たことある？　栄太が開成に受かったあと、解いた問題集を重ねて栄太が並んでる写真。栄太の背丈の2倍もあったでしょう？　あのくらいやってから言ってちょうだい！　大体あなた、専業主婦なのに本当に拓馬の勉強、見てやってるの？　正しい方向で努力すれば絶対に成績は伸びるはずよ」

義母の理論は支離滅裂だ。それなのに、どうしてこんなにも胸を突き刺すのだろうか。

その言葉は、この数年間、夏美の中にずっとくすぶっていた言葉だった。

この課金、本当に意味ある？

どうせ最後は地頭なんじゃないの？

私の脳みそが遺伝しちゃった拓馬は、開成なんて入れるわけない……。

ずっと自問自答していた。でも立ち止まる暇はなかった。

不利な条件にしてしまったのが自分ならば、できることは何でもしてやりたい。それがお金で解決できるなら安いもの。

コンプレックスと、子どもへの愛と、期待がないまぜになり、いつしか進む方向は見えなくなった。

「どうしよう……」

夏美は途方に暮れた。


「拓馬、NN開成模試、残念だったね。もしかしてちょっと具合が悪かった？　後期、NN開成の受講資格が取れないのは困るから、お母さん、先生に直談判してくるよ」

その夜、夏美は部屋で勉強している拓馬に話しかけた。拓馬はいつも通り淡々と勉強していて、模試の結果を見たときもさほど動揺している様子はなかった。

いや、きっと表に出していないだけで、内心はひどく落ち込んでいるに違いない。この講座に入れなかったらば、事実上、早稲田アカデミーから開成を狙うレールから外れてしまうのだ。

「いいよそんなことしなくて」

こちらを振り返りもせず、拓馬が言葉を発した。

「え？　どういうこと？」

夏美は思わず咎めるような口調になってしまう。

「NN受講資格さえないんじゃ、しょうがないじゃん。点が足りないのに入れてくれって泣きついたってしょうがないよ。合格の見込みがないから資格がないんでしょ」

「あんた、何言ってるの？　まさか開成をあっさりあきらめるつもりなんじゃないでしょうね!?」

その言葉の鋭さに、夏美ははっとする。いけない、拓馬を傷つけるようなことは言ってはいけない。わかっているが、抑えきれない憤りを感じていた。

「もともと無理だったんだよ。開成なんて、頭のできが違う子が行く学校だよ。塾の先生だって、うちの校舎のトップ5人に期待してる。違う学校にすればいいいよ」

「違う学校ってどこ？　拓馬は開成卒のパパの子なのよ、頑張れば行ける！　その子たちのお父さんは開成じゃないでしょう？」

「あのさ、ママ。それを言うなら俺の半分はママの遺伝子なんだけど。おばあちゃんに聞いたけど、ママ大学に行ってないんでしょ」

その瞬間、夏美の中のなにかが決壊した。義母と栄太の過去の言葉がいくつもフラッシュバックする。

「ああそう……！　悪かったわね、私に似て、地頭が悪いから仕方ないってことね？　そうね、地頭なんて言葉大っ嫌いだったけど……拓馬は地頭が悪いから仕方ないのかもしれないわね」

ちんぷんかんぷんのテキストを、ずうっとコピーして、整理して。いい塾があると聞けば調べて説明会に参加して。義母の嫌味に耐えながら、なんとか必死でサポートしてきた。

それなのに、結果がこれ。

いくら伴走が辛くても、本人が感謝さえしてくれたら、拓馬のためにどこまでも頑張れただろう。それなのによりによって、息子から馬鹿にされるとは。

「全部あなたのためにやってあげたのに！」

しかし拓馬は、どこまでも冷めた目でこちらを一瞥した。

「そうだったの？　俺はてっきり、ママの見栄のためにやらせてるんだと思ってたよ。そんなにひとに勉強しろ勉強しろ、成績あげろあげろって言うならさ、自分が子どものときにやればよかったよね。自分が必死に勉強したこともないママに、お前は開成だって言われてもさ」

今度こそ、息が止まるような衝撃だった。

息子は、ほとんど、自分を憎んでいる。傷つけてやろうという明確な意図を感じた。

絶句する夏美に、拓馬はさらに続ける。

「ママ、知ってる？　開成ってね、校舎で1人か2人しか受かんないんだよ。何百人いて、トップのバケモンみたいなやつが、さらに血のにじむような努力をしていく学校なんだ。そこに入れなかったら負け、みたいな勝負押し付けんなよ。しんどいんだよ」

「……違う、ママ、そんなつもりじゃなかったの、ただ」

じゃあどんなつもりだったんだろう？

開成に入って、何かを証明したかった。

自分が劣った母じゃないということを。

この子が、賢くて、世の中を正々堂々とわたっていける能力があるということを。

自分が弱くて、夫や姑にまで馬鹿にされてきたから、拓馬には授けたかった。

誰にも馬鹿にされない、踏みつけられない、最強のフラグを。

どれも、独善的で、自己中心的で、自分本位な望み。

長い間、息子を踏みにじってきたのだと、夏美は痛感した。

「NN開成なんて、行けなくていい。俺は受かる学校を受けたい。もう否定されたくないから」

5

拓馬は、結局NN開成には入れなかった。夏美は、混乱しながらも講師に相談したが、講師はさすがにプロ。拓馬の家の構造もうっすらと察しているようだった。

「開成だけが学校じゃありません。素晴らしい学校はいっぱいあるし、拓馬くんに合った学校があります。本人にいろいろ選択肢を見せてあげてください。気に入った学校が見つかれば、それを我々が全力でサポートしますから。大丈夫、拓馬くんなら大抵の学校に入れますよ！　地道に積み上げてきたのを、知っています」

その言葉を聞いたとき、夏美は涙をこらえることができなかった。

誰かに認めてもらえるってこんなに心強いことなんだ。

それを、誰が拓馬に与えてやれただろうか？

それこそが母親の役目だったのに。

「これが今月のイベントリストです。時間はないですが、拓馬くんに現地を見せて、ピンとくる学校を探してみましょう。偏差値はいったんおいて、広く見せてあげるのがいいかもしれません」

夏美は、そのリストをもとに、自分でも幅広く調べて、資料を集めた。これまで1日校は開成と決めていて、ほかの学校はろくに見ていなかった。かき集めた資料や情報を、夏美はあえてスクリーニングせず、拓馬に渡した。

「拓馬、これ学校の資料。集められるだけ集めたよ。一応、ママが調べた学校情報のメモも貼っておいたから参考にしてね。それで興味がある学校に行ってみよう。説明会がなくたって、平日に外から見に行って先輩の様子を見るだけでも参考になるかもよ。いろいろ

「見に行ってみようよ」

「どうしたの急に？　気味が悪いな、『開成教』だったのにさ。言っただろ、学校なんてどこでもいいよ」

最初はそんなふうに投げやりだった拓馬だったが、夏美が懲りずに、できるだけ明るくいろんな学校の様子を話すうちに、海城のサイエンスセンター、というフレーズに反応を見せた。拓馬は理科が大好きで、夏美が見つけてきた中学受験に特化した理科実験教室にも通っていた。6年生になって時間がタイトになり辞めてしまったが、どうやらその教室で体験したさまざまな実験が楽しかったようだ。

「行ってみよう、ちょうど見学会があるから！」

夏美は、拓馬が興味を持ってくれたことが嬉しくて、さっそく学校見学会の席をキャンセル待ちで首尾よくゲットした。

果たして実際に現地に行ってみると、海城は文句のつけようのない素晴らしい学校だった。とにかくいろんなタイプの生徒がのびのびしている。先生の話からも、大事な子どもを預かって大事に育てる、という気概が感じられた。それまで夏美は、子育てはすべて母親の責任と思い込んでいたが、学校からは「一緒に子どものいいところを伸ばし、可能性を探ろう」という姿勢が感じられる。

それは夏美にとって、大いなるターニングポイントだった。

子どもは母親の形代ではない。

環境や仲間、先生、そして家族の影響を受けて、自分の足で歩いていく。夏美は長いこと自分の問題やコンプレックスで目が曇り、そんな大切なことを見逃していたのだ。

海城を見に行った帰り、拓馬がぽつんとつぶやいた。

「俺、海城、行ってみたいかも」

夏美の胸はいっぱいになる。

もう、頭の中に御三家というフレーズはない。

どんな結果になってもいい。夏美は、拓馬が行きたい学校に向かって今度こそ全力でサポートしようと誓う。

「いいね、大賛成。じゃあ受験フェスタで個別相談ができないか探してみるよ。塾の先生にも相談して、対策を聞いてみたらどうかな？」

「……いいの？　先生に相談したら、もう開成はあきらめるって確定するけど」

その質問に、夏美の胸は詰まる。

拓馬はお見通し。開成に誰より固執していたのは夏美だと。

「ごめんね、拓馬。やっと気づいたよ、拓馬の志望校が、ママの熱望校だよ」

「ふーん」

思春期にさしかかった拓馬は、それで精一杯。でも、そっぽを向いた顔の、耳が桃色になった。


最初から、息子だけをこうしてしっかり見ていれば良かったんだ。それなのに夏美が見ていたのは、周囲の視線に囚われ、コンプレックスを抱えて虚勢を張った自分自身。

——そんなの、誰も見てないし、気にしてなかったのかも、最初から。

たかが中学受験。他人がどう思うかなどという基準で学校を決めていたら、大切なことはきっと全部見逃してしまう。全身全霊で子どもを見よう。寄り添って、一緒に泣いて、一緒に笑おう。

どんな結果になっても、どこの学校に通おうとも、生まれたときから君は私のヒーローだ。この先もずっと。

翌年の春。

第一志望、海城中学校の制服に身を包んだ息子を見て、それが世界で一番似合う制服だと、心の底から夏美は思った。

エピソード6

「ゆる受験と決めたはず……でもこれで本当に受かるの⁉」

不登校になり、公立回避のため中学受験を選んだ親子。果たして本当に「ゆる受験」は可能？

「ゆる受験のつもりだったのに……」小学校で人間関係がうまくいかず、不登校になってしまった娘。5年生からではあったが、そこまで勉強時間や労力をかけない、いわゆる「ゆる受験」を目指す。ところがいざ始めてみると、想定外の連続。本当にこれで合格するの……？

1

娘の麻衣が、友達からいじめられているらしいとわかったのは5年生の春のことだった。共働きで日中は誰も家にいない。ふたりの娘たち、麻衣と絵美は2歳差だったから、留守番なども多少は可能になり、油断していたのかもしれない。麻衣が学童には行きたがらず、かといって公園にも行かなくなっても、さほど焦りを感じず好きにさせていた。

しかしある日、麻衣が学校から帰るなり部屋から出てこないと、次女の絵美が電話をかけてきた。仕事が終わって飛んで帰り、事情を尋ねると、麻衣は堰を切ったように話し始めた。

4年生の頃から気が強い女の子たちに陰口をたたかれていたこと。次第に集団で無視されるようになったこと。5年生になって、その子たちの多くと同じクラスになり、みんなの前でバカにされるような発言があること。

「何それ！　先生に伝えて、今すぐなんとかしてもらおうよ」

と驚いた梢が思わず言うと、それは嫌だと麻衣は泣く。告げ口したことが知れたらもっといじめられるというのだ。

一度は娘のその気持ちを尊重し、教師には言わず、代わりに公園や登下校中の子どもたちの様子を観察していた梢だったが、1週間ほど見て、これは学校に伝えたほうがいいと判断した。高学年の女の子たちは狡猾で、大人の前ではしっぽを出さない。まずは娘に内緒で担任の教師に電話をした。

「気がつかずに申し訳ありませんでした。様子を見ながら適切に話し合います」

梢もつい最近まで気がつかなかったので、担任を責める気持ちはなかった。ただ、目に涙をためて帰ってくる麻衣が可哀想でならない。今すぐなんとかしてほしい……。

しかし結果から言えば、その後も状況が改善されることはなかった。教師はクラスの状況を観察したあとで道徳の授業でいじめについてレクチャーし、該当の女の子たちに心当たりはないかと自省を促したという。それで表向きのいじめは収まったが、相変わらず陰口や巧妙な仲間外れが続いた。

「学校に行くとお腹が痛くなる……行きたくない」

麻衣がそう言いだしたとき、梢はついにきた、とも思ったし、それは覚悟していたことでもあった。

そこで無理に行かせると、取り返しのつかないことになってしまう。梢は学校と連携をとりつつ、保健室登校や遅刻、早退などを柔軟に取り混ぜて、どうにか麻衣の気持ちが切れないように苦心した。

「ねえ、パパ……麻衣をいじめているグループの子たちは、そのままそっくり隣の中学校に行くの。二つの小学校の子が一緒になるとはいえ、小学校の人間関係がそのまま持ち込まれるなんていう話も聞くし、可哀想だと思う。正直、今回のことで学校の対応に不安もあるし。スクールカウンセラーがね、私立を受験して環境を変えるっていう選択肢もありますって」

夏休みを終え、新学期早々に再び麻衣が学校に行けなくなったとき、梢は思い切ってしばらく考えていたことを夫に相談した。とはいえ、梢も夫も、中学受験とは無縁。考えたこともなかったので梢自身が大いに迷っていた。

「中学受験？ ええ？ だってみんな小さい頃から塾に通ってるだろ。公立に行きたくないなんていう理由で、そうそう受かるもんじゃないだろう」

予想通りの反応だ。しかし梢は不安から強い口調で反論した。

「じゃあパパは麻衣が中学でもいじめられてもいいの？ きれいごとを並べても、いじめてる子たちとまた3年間も一緒に学校に通うのは麻衣なのよ。公立じゃ個性に合わせた指導にも限界があるし。いいわ、とにかく私、少し調べてみるから」

かくして塾の門をたたいた梢に、日能研は親身にカウンセリングをしてくれた。カリキュラムはすでにだいぶ進んでいるが、コツコツやっていけば追いつくことは可能だという。また、公立回避が目的の中学受験ならば、無理をしすぎずに合格する範囲内の学校から志望校を選ぶという方法もあるらしい。

テレビや漫画で見るような受験戦争をイメージしていた梢にとって、それはいい意味で予想を覆すものだった。それが梢のとるべき道に違いない。

電車で1本、20分ほどで通える女子校があり、そこはアットホームで偏差値もそれほど高くはないと聞いて、学校説明会に麻衣を連れていった。可愛い制服の先輩たちがあれこれ相談に乗ってくれると麻衣の表情は学校のときとは打って変わって明るくなった。

「お母さん、私立っていいね……私、受験してみたい」

自分なりに状況を打破したいと心の底で闘っていたのだろう。意外なほど、好反応を示した。麻衣は日能研の体験授業でも楽しそうだった。

不登校気味になってからしばらく暗かった家のなかに、光が差した瞬間だった。

こうして麻衣は5年生の後期から中学受験参戦を決意する。入塾テストの1回目は不合格になったが、コツを教えてもらい、なんとか2回目で合格。どうにか手探りの中受生活が始まった。

2

「こ、この偏差値38っていうのはさ、どこの学校に行けるんだ?」

日能研に通い始めてから10カ月。普段はほとんど口を出さない夫が、珍しく成績表をのぞき込んで目を白黒させている。

おそらく6年生の夏期講習代とテストの結果を見て衝撃を受けたのだろう。中学受験生の親が一度は自問自答すること。

これほど課金をして、本当に意味があるのか?

「あのね、中学受験生のレベルは高いから、高校や大学の偏差値と一緒にしないでくれる? 40あたりでも偏差値表みると、すごくいい学校がいっぱいあるのよ」

梢は少々ムキになって、夫から成績表を取り上げた。

日能研では学力別にいくつかのクラスに分かれる。さらに難関校を志望する子たちは別校舎の特別クラスに振り分けられている。当然、麻衣はそこにはかすりもせず、いつも一番下のクラスにいた。聞くところによるとテキストも進度も違うようだ。

「週4回も塾に行ってさ、これだけお金をかけて、聞いたこともないような学校だとちょっとさ……」

「あなたが知らないだけで、偏差値は高くなくても手厚くていい学校がたくさんあるの！　何も知らないのに余計なことを言って麻衣を混乱させないでね」

そうは言うものの、梢も偏差値以外に学校を見学する基準がないのが現状だ。東京の私立中学など、名の知れた学校でないとよくわからない。仕方がないので私立中学フェアに通い、パンフレットを集めた。各学校の個別相談ブースに行きたかったけれど、あまりにも人数が多くて1校も話を聞くことができなかった。中学受験生の人数が増えているというのは本当なのだろう。

梢はそら恐ろしい気持ちになる。人数が増えたら、押し出されるのは中間層以下の子どもたちではないか。

それにしても、インターネット上にあふれている「中学受験沼の保護者」と、自分はどれだけ知識量に差があるのだろう。SNSのなかでは、それぞれの受験年度に影響力がある熱心な保護者がいる。受験年度を名前に入れて、毎日のようにすごい内容をつぶやいていた。夏は1日12時間以上やった、家庭教師を2人つけている、朝は5時から勉強をしている……。

どれもこれも、とても同じ12歳とは思えない。そして、その保護者たちの凄まじい情報収集力。一体、彼らはどれほどの熱意を注いでいるのだろうか？

――偏差値40くらいとなると、チャレンジ校は45くらいまではOKってことなの？　それも高望みしすぎ⁉　そして滑り止めは一体……。マイナス10とかって聞いたことあるけど、まさかの29？

梢は慄きながら最新の偏差値表を見る。偏差値帯が近そうな学校名をみても、ちっともどういう学校なのかがわからない。

――とにかく、塾の言う通りにして、授業についていくしかないよね……。高いお金払ってるんだもん、きっとなんとかしてくれるはず。

梢は夏期講習の引き落とし明細を見ながら、自分にそう言い聞かせた。

3

「うちの子ったら、夜、もう寝なさいって言ってもなかなか寝なくて。勉強がノッてきちゃうとダメなのよ。麻衣ちゃんは何時に寝てる?」

小学校の数少ないママ友の言葉を、梢はまるで外国語を聞くような気持ちできいた。昨日は塾から帰ってきて、9時30分に寝てしまった。当然、塾以外の勉強時間はゼロ。それでも塾で4時間ほどは勉強しているのだから、大したものではないか。

しかしどうやら、中学受験界隈ではまったく物足りない勉強量のようだ。

「うちは全然。いいの、ほら、ゆる受験だから」

最近覚えた、とても都合のいい単語を口にしてみる。ゆるっと受験勉強をすることを指し、無理をしすぎず、行ける範囲の学校を目指す。まさに梢と麻衣にぴったりだ。

しかしママ友の彼女は、その言葉にかちんときたようだ。明らかにむっとした表情でこちらを見た。

「えー、そんなんで受かれば苦労しないよー。みんな必死なんだから。それで落ちて泣くのは子どもだよ。ほら、去年うちの小学校から開成に入った利恵ちゃんのお兄ちゃん、1

日12時間くらい勉強してたって。塾が終わってからも、眠くならないように立って勉強してたらしいよ。あー、焦るなあ」

その話を聞いて、梢は露骨に顔をしかめた。眠いから立って勉強する？　そんなのものは教育虐待ではないか。眠いのにそこまで無理したって、どうせ頭なんて動いていないはず。子どもに無理をさせてまで、最難関にこだわる理由がさっぱりわからない。

「そういうのはよくないわよ。そんなに無理しなくたって、いい学校はたくさんあるじゃないの」

実際はそう多くの学校を知っているわけじゃない。でもとにかくそのような勉強法には賛成できない。

「でもさ、あと少しで自分の子どもが御三家に行ける！　と思うと、親は少なからず正気を失うんじゃない？　入って終わりじゃないことくらいわかってるけど、入らないと始まらないのよ、東京のエリート街道はさ。ゆる受験とか、最初から受験の目的が違う場合はいいけど、基本的に中学受験は大学への指定席を得るための椅子取りゲームみたいなものだし。競争に勝つしかないっていう気持ちになるよね」

梢は思わず考え込む。確かに地元の公立中学を回避できさえすればいいという動機で受験を決めたので、偉そうなことは言えない。でもこの先なにが起きても、自分は受験の沼に足をとられて我を失わない自信がある。

梢はぶるぶると首を振ると、これ以上の「意見交換」は無意味と判断し、帰路についた。

4

「麻衣さん、頑張っていますよ！　夏休みの頑張り次第では、もう一つ上のレベルの学校を狙えるかもしれません。このあたりですね」

叱られるに決まっていると思っていた個人面談で、意外な提案を講師から受け、梢は目をしばたたかせた。7月の模試の結果は43。振るわない数字だと思っていたが、たしかにほんの少しずつ、春先から上がっている。

「実践や十文字、頑張りに期待して大妻や共立あたりまで、見に行ってみてはいかがでしょうか」

梢は今度こそ驚いて目を丸くした。どこも伝統女子校で、漠然とお嬢様学校のイメージがある。まさか麻衣がそんな名門校に行けるなどとは思ったことがなかった。

「え……でも先生、偏差値は足りないと思うんですけど」

「もちろんまだまだ頑張らなきゃいけませんが、第一志望は3から5は上を受けることも多いですよ。併願校をきちんと決めれば、チャレンジしてみてもいいと思います。ただし！夏は死に物狂いでやってください」

死に物狂い。夏期講習の時間割を見ると、朝から晩までびっちりと授業があり、すでに死に物狂いの様相だ。これ以外に自宅学習時間をとれというのだろうか。

「ここで頑張っておけば、大きなアドバンテージになりますよ」

梢には、それが「人生のアドバンテージ」のように聞こえた。

もしかして、憧れの学校に、娘が入れるかもしれない……。

そう思うと、胸がどきどきして、同時にアドレナリンが脳内に分泌されるのがわかった。

帰宅後、部屋でのんびりマンガを読んでいる麻衣の肩をつかんで、梢はぐいぐいと揺さぶった。

「麻衣！　すごいよ、麻衣が頑張ってるって先生ほめてた。で、もう少し頑張れば素敵な有名女子校も受験できるかもって。夏、頑張ろうよ！」

しかし麻衣は目をぱちくりさせるばかりでちっともピンとこない様子だ。任せておいても、自分で自分を追い込むのは難しそう。かといって、塾に通ってるだけで果たして大逆転ができるものなのだろうか？

――そうだ、この前の模試の帰りにもらったチラシ、たしか個別指導塾で苦手分野を重点的に教えてくれるって言ってた。

梢はごそごそと戸棚をさぐり始める。

「ねえ、麻衣。もし麻衣が夏休みに本気で頑張る覚悟があるなら、こういう個別指導塾に頼んでみようか。あと少し……偏差値5、上がればぐっと選択肢が広がるし」

「うーん、そうだねえ、まあ宿題を一緒にやってくれるならいいかなあ」

梢は個別指導のチラシをじっくり読み込む。プロ講師に一対一で教えてもらうと1時間9千円。とんでもない値段だ。週に2時間頼んでも月に7万2千円。もはやメイン塾と同じくらいかかる。無理。

次にあり得るのは、生徒2人に対して講師が1名つくタイプ。こちらは1時間6千円で済むらしい。それならば残業を増やせばなんとかなる範囲かもしれない。

受験生の夏は天王山と聞く。ここで少しばかりのお金をケチって、あとから泣いてももう時間は取り返せない。ちょっと怖いけど、少し違う方法を取るのもありかもしれない。最後のほうでは同じお金を積んでもきっと偏差値を上げることはできない……。

梢は個別指導のカウンセリングをＷｅｂから申し込んだ。

5

秋になった。相変わらず麻衣はゆる受験モード。それでよかったはずなのに、梢の心は焦りでいっぱいだった。

はじめは、公立を回避できるならばどこでもいいと考えていた。無欲だったと言ってもいい。ところが、少しずつ中学受験情報が入ってくると、やっぱりいいなと思う学校が増えてくる。できればそこに行きたい……そう思ってしまうと「沼」の始まり。なんとかもう少し偏差値を上げてほしい。もう少し頑張れば手が届きそう……。

ところがそう思うのは母だけで、肝心の子どもは一向にゆる受験モードからチェンジしない。

この頃になって梢は、「ほかの家庭との積み重ねの違い」を実感していた。

中学受験が家庭内でほぼ既定路線の家では、低学年、いや幼少期から家の中の空気のようなものが違う。知育のおもちゃ、公文、地図パズル、自然に親しむ、実験教室、そんなものが生活のなかに当たり前のように組み込まれている。

そして何よりも、親の意識が全然違う。

来るべき中学受験に向けて、資金を計画的に残し、習い事のタイミングも計画されていた。中学受験をする家庭というのは、ほとんどの場合迷う余地もなく、受験を決めているケースが多いように思う。受験することを迷っているようではこの負荷を乗り越えるのは厳しい。ここで受験をするのが人生においてプラスだと確信がなくて、どうしてこんなにしんどいことができるだろうか。

そして、親が子どもにかけるパワーもやはり異次元になる。もしゆる受験を標榜するならば、少なくとも親はそのことを理解してハンドルを握らなくてはならない。

夏の前に、梢が「ゆる受験」と口にしたとき、ママ友が苛立った心境が今になってわかるような気がする。そんな生半可な気持ちで、のんきに構えていられるのは「知らないから」だ。危機感の欠如にほかならない。そんな状態で「受かるところに行ければいい」などと言ったから、諫められたのだ。

どんな子どもにとっても本当の「ゆる受験」なんてない。その子なりのベストを尽くしてこその中学受験なのだ。


「ねえ麻衣。もう10月よ。入試まであと3カ月くらいなのに、もう少し目の色を変えて勉強したらどうなの。個別指導塾だって通わせてるのに、成績ちっとも上がらないじゃないの」

こんなことを言っても何もいいことはない。そうわかっているのに、梢は苛立ちを隠せずにいた。塾からも「親は女優になってください。喧嘩している時間はありません」とあれほど言われているのに。

「えー、でも、続けてるだけで偉くない？　行ける学校に行けばいいってママ最初に言ったじゃん。今合格可能性80％が出てる学校を受ければいいよ。私、知ってる人がいない学校ならどこでもいいもん」

そう言われると梢はぐうの音も出なかった。しかし、ここで退くわけにはいかない。

「ねえ麻衣、そんなこと言うけど、もしかして新しい学校にも嫌な子がいるかもしれないって考えたことある？」

梢の言葉に、麻衣は眉をしかめる。

「今度はうまくできるよ。目立たないように、好かれるようにやってみる」

「そういうことじゃないのよ。どこに行っても、気の合わない人、意地悪な人っているものよ。全員が麻衣のことが大好き、なんて学校あるわけない。誰にとってもそうなのよ」

「じゃあますますどこでもいいじゃん」

不貞腐れたような表情で、麻衣がつぶやいた。

「そうじゃないの。だからこそ、ここを選んだのは自分だ、という感覚が大事なのよ。もし中学校でいやなコトがあると、逃げたくなる日もあるよね。そういうとき、どういう人が踏ん張れるかっていうとね、自分が選んでここに来た、という気持ちが大事なの。人生って思い通りにはいかないことがいっぱいあるからね。そのときに、誰かが決めたから来ただけ、とか、本気出せばこんなところにはいなかった、とか言い訳しても結局は幸せになれないんじゃないかな？」

「まあ、うん。たしかに」

麻衣も思うところがあるのだろうか。素直にうなずいた。

「あとたったの数カ月だから。少なくとも、自分の精一杯を出そう。やるだけやったと思って2月を迎えようよ」

麻衣は返事をせず、遠くをぼんやりと見ていた。

梢の言葉が麻衣に届いたのかは定かではない。

6

秋は、いよいよ受験生とその親が「現実」に向き合うときだ。きっといつか、次こそ、と思ってここまできたが、もうその「次」の模試が数回というところまできてしまった。いつか埋められると思っていた志望校と持ち偏差値のギャップが、どうあがいても埋まらないという現実。

梢は、自分がそんな心境になるなどとは思いもよらなかった。どの校名を見ても同じに見えた頃が懐かしい。その頃に戻りたいとすら思う。

今、梢が偏差値表を見ると、明確に行きたい学校が見える。学校見学に行って、梢がいいなと思うのは歴史があり、どっしりと構えている伝統女子校だった。個別に質問をしてみると、思春期の女子を預かり育てる術を熟知していると感じられた。女子中学生にイザコザはつきもの。いじめはありません！　と言い切る学校よりも、トラブルが起きたときにどう対処するかを具体的に話してくれる学校に惹かれた。

しかし、というか必然かもしれないが、信頼できると感じる学校は同じ偏差値帯のなかでも人気がある。麻衣の持ち偏差値43では、厳しい戦いだった。

あと5、いや3でもいい。なんとか取ってきてくれたら、頑張る根拠ができるのに……梢は模試の結果を見てはため息をつくことが多くなった。

——麻衣としっかり話さなきゃ。もう少し頑張らないと、学校が選べないってわかってもらわないと。

夜の9時30分、部屋で勉強しているはずの麻衣のところに行った。ノックをしようとして、隙間からそっとのぞくと横顔が見える。

梢は息をのんだ。

麻衣は、テキストの解答を上に広げ、解答用紙にそれを見ながら機械的に答えを写して書き込んでいる。

答え合わせじゃない。あれは、答えを写している。

怒鳴り込もうとして、梢の手ははたと止まった。

麻衣の横顔は、必死だった。哀しいほどに、必死だった。

麻衣はわかっている。これが悪いことだと。無意味で滑稽で、時間の無駄だとわかっている。それでもやらなくては自分が保てないほどに、苦しくて逃げたいのだと、全身で叫んでいた。

どうしていつまでたっても本気にならないなどと思ったのだろう。

子どものプライドの高さを甘く見ていた。12歳の自尊心を、どうして平気で踏みにじって、そのことに気づかずにいたのだろう。


梢は、後ろに一歩、後ずさった。


今は麻衣を傷つけず、いい方向に導く言葉が自分の中にない。

感情的になって麻衣にぶつけたら、今度こそ彼女は壊れてしまうだろう。小学校生活がうまくいかないのも、もとはと言えば梢がうまい立ち回りや気遣いを示す方法を身につけさせなかったからではないか。それによって一番傷ついたのは麻衣なのだ。

梢は足音を立てないように、そのまま寝室に戻ると、声を押し殺して泣いた。

そして同時に誓う。泣くのはこれで最後だ。入試が終わるまで、自分の感情だけで泣くのはやめよう。その泣く力さえも、麻衣の応援に使わなくてはならないのだから。

7

「そうですか、解答を見てましたか～。それはショックでしたよね」

恥を忍んで個人面談を申し込んだ梢は、担当講師が思ったよりも平然としていることに驚いた。

「ショックというか……麻衣を追い詰めてしまったのは私だと思うので、これからどうしたらいいか悩んでいます。どこでもいい、という考えの時は彼女にプレッシャーをかけることもなかったんですが、少し頑張っていいところに行きたいと考えると苦しくて」

「そうですよね。僕は、そういう時は、『この学校もいいしあの学校もいい』作戦をおすすめしています」

「え、ええ？」

なんだか言葉のマジックに騙されているようで、梢は眉間にしわを寄せる。

「試験は、ある程度の合格確率まで押し上げたら、運の要素もあります。当日の体調、問題との相性、人気による受験者層の変化……。変数は多く、12歳にはまさかもあります。そして結局は合格最低点を取るかどうかという問題なんです。シビアで単純な世界ですよ。そんなものに、お子さんが幸せになれるかどうかみたいなことを全部ゆだねなくてもいいんじゃないかと僕は思います。だから、『この学校に行ったらこの部活があるから楽しみだね』『この学校に行ったらこんな授業が受けられるよ』『こっちは近くて最高だね』という感じで第一志望をたくさん作るんです」

「はあ……。そうは言ってもですね、やっぱり順番はありますし」

塾でカンニングを告白したのは、厳しい意見を聞いてシビアに方針を修正しようというつもりだった梢は、講師の言葉がのんびりしているように感じられて首を傾げた。

「偏差値の順番が志望の順番とは限りませんから」

講師は、泰然と微笑んだ。

確かに最初に目標としたのは、麻衣がのびのびと学校生活を送れるところを探す、ということだった。しかし梢だけが勝手に「ゴールポスト」を動かしてしまった。もし1ポイントでも偏差値が高い学校に行きたいと願うならば、そもそももっと早く準備をするべきだったし、最初からそれ相応の勉強の仕方があったはず。それをしないで今になって方針を変更するのはあまりにも理不尽だった。

「先生、私は麻衣にどんな言葉をかけるべきなんでしょうか。どんな母親が、中学受験生の母として正解なんでしょう」

途方に暮れて、梢はつぶやく。

「全部正解だと、僕は思いますよ。子どものことを一番考えてるのはお母さんですから。根っこは全部、正解。あとは口に出す方法をちょっと工夫してあげれば満点です。大丈夫、大丈夫」

誰かに大丈夫、と言って信じてもらえることが、母親の孤独をこれほど救うのだと、梢は静かに涙を流した。

翌年、アットホームな校風と全人教育に惹かれて受験した玉川学園中学部に、麻衣は見事合格する。梢が想定していたよりもちょっと学費は高いけれど、入学してみれば驚くほどに明るくおおらかな雰囲気で、辛い小学校時代が嘘のように友人に恵まれている。

正直に言えば、もしかして最初からこの学校を目指していたら、カンニングをするほどのプレッシャーを感じる必要はなかったのかもしれない。

そう考えると、つくづく、偏差値は指標の一つにすぎないと思う。むしろ自分が入りたい学校の偏差値が自分の持ち偏差値よりも低めだったらラッキーと喜んでいい。

イキイキと学校に通う麻衣を見るたびに、偏差値という数字に対して過大な期待を寄せていたのだと梢は反省する。

偏差値の呪縛から解き放たれた者から順に、オリジナルな幸福を手に入れることができるのかもしれないと、今、梢は考えている。

2章

「中受沼」に落ちてしまった親のマインドチェンジ術

なぜ親は「中学受験沼」にハマってしまうのか

1章はセミフィクションという形をとってはいますが、書かれていることのほとんどは、私が教育ジャーナリストとして、そして受験生親子を主人公にした小説『天現寺ウォーズ』『御三家ウォーズ』（2021年刊行）執筆時の取材で見聞きしたことや、中学受験生の母として体験したことをもとにしています。

中学受験親子の物語は、十人十色。一つとして同じ物語はありませんでした。どれもハードで、ほとんどのシーンが苦しい。お話を伺った親御さんの多くは心が体に影響した経験をお持ちでした。

たかが受験、しかも中学受験。そこで人生が決まるはずがないことがわかっていても親御さんは必死に闘っていました。しかし残念ながら必ずしもその努力が子どもに良い影響を及ぼしてはおらず、むしろ親子で袋小路にはまっていることも多いようでした。

なんとか塾でのクラスを上げようと懸命に情報を集め、効果があるかもわからない勉強法を押し付けて基礎の反復が疎かになったり、際限なくお金を投じて個別指導塾や家庭教師の授業を取ってしまったり……その様子はしばしば「中受沼」と呼ばれることも。

子どもの幸せのために始めたはずの中学受験で、どうしてそのようなことが起こるのでしょうか。

2章では、受験期間中はさまざまなクライシスが起こりうると知ったうえで、中学受験を少しでも良い経験にするためのコツを一緒に考えてみたいと思います。

根性論や精神論だけで乗り切るには、現代の受験は複雑になり、そして長期間の努力を求められるようになりました。大人の思惑、教育産業の発達、インターネットの普及、情報量の多さ。そのすべてが複雑に絡み合い、ご家庭のコンディションによっては毒にもなり得ます。

受験本や体験記というと、どうしても実践的なテクニックや情報をまとめるものやノウハウが主流になりますが、それらが親御さんに突きつけるのは「頑張る方法」「成績を上げる方法」であり、退路も避難所もありません。

おそるおそるSNSを見に行くと、熱心な親御さんがお子さんに凄まじい「伴走」をしている。それはもはや「激走」と呼ぶべきかもしれません。

それらの情報をインプットするうちに、頑張るのが正しい、立ち止まってはならないという気分になります。「指揮官」である親の判断ミスは許されないのだと。

しかし指揮官といっても、子どものこととなると冷静ではいられず、時に感情的になってしまうこともあるでしょう。こうして知らないうちに、意図せずに、子どもとのバトルや成績を上げるための闇雲な課金といったハードモードの獣道に迷いこんでしまうのです。

まずは誰にでも、感情的になったり、冷静さを欠いて過剰な課金に走ってしまう可能性があるということを踏まえたうえで、できるだけシンプルにそれを回避したいですね。

大丈夫、取材で伺ったところ、どちらの親御さんもストレスから、見えないところで机の一つも蹴っ飛ばしているようです。でも、いつまでも蹴っ飛ばしていても良いことは何もありません。

何よりも、受験というのはゴールがあります。時間的な制約があるなかで、やるべきことをやるという、本来とても単純な構造です。だからこそ、ついこんがらかってしまいがちな問題を整理し、ノイズを排除したうえで目標に邁進するのがベスト。

ここでは1章を踏まえて「やってはいけないと頭ではわかっていることを、ついやってしまうという中受のトラップ」と、それを回避するための方法を共有します。

親がはまりがちな中受のトラップ①

「今度こそ成功させたい……」自分の人生の忘れ物を子どもの受験で取り戻そうとする

取材でしばしば聞かれたのは、「私は全然勉強しなかったので、子どもには苦労をさせたくなくて……」や「中学受験で御三家に、大学受験で東大に落ちたので、子どもにはあんな思いはさせたくない」というご自身の過去の失敗を鑑みて、お子さんの受験を決めたという声です。

1章のエピソード4、由梨もそのタイプかもしれません。

自分と子どもは違う人格、異なる人生。そんなことは親御さんだって言われなくても百も承知です。でも子どものためを思うと、なんとか知恵を授けたい。いい武器を与えて充実した人生を送ってほしい。ご自身が苦い経験をしたと考えていれば、それを活かしたいと思うのは自然なことです。

個人的なことではありますが、私は自身の中学受験が楽しく、しかし第一志望にも第二志望にも入れませんでした。でも振り返れば中高一貫校で学んだメリットが大いにあったと感じていたので、さほど迷うことなく子どもの中学受験を決めました。

ところが、当たり前なのですが、そもそも中学受験が楽しかったというのも自分の感想であり、子どもに当てはまるとは限りません。私自身と子どもは性別も性格も異なりますし、時代も受験のシステムも変化している状況で、「中学受験がいいよね」とあっさり決めたことは、ある意味で恐ろしいことでもあります。実際に受験勉強が始まると、「あれ？これは精神年齢と性格のタイプが相当、関係するな……」と痛感する毎日です。

しかし、図々しい発言を許していただけるならば、すべての要素を正確に加味して子どもに受験をさせている親はさほど多くはないのではないでしょうか。つまり、多くの方は極めて主観的に、子どもというもっとも近い他人を中学受験という「戦場」に送り出しているわけです。

取材する中で、印象的だった親御さんの言葉がありました。

「中学受験は、基本的に私がやってほしくて子どもにやってもらっている、と考えていました。その気持ちは3年間持っていましたね。この子は好きで日曜日に遠くの校舎に行って一日中冠特訓を受けているわけじゃない。だから最初から最後までひたすら応援していました。親のエゴに付き合ってもらっているという意識が常にある。だからこそ、怒鳴り散らしたり成績のことで感情的になることは一度もなかったですね」

彼女のお子さんは、幼い頃から知的好奇心が旺盛で、客観的にも中学受験をすることは本人にかなりのメリットがあると感じられるケースでした。それでも母親として「ある種の罪悪感」をあえて手放さず、非常にフェアに伴走を続けられて結果を出されています。

別の親御さんの言葉も紹介しましょう。

「『中学受験、やりたいって言ったのは自分でしょう⁉』みたいなセリフって、売り言葉に買い言葉で出てきてしまいがち。でも小学生が果たしてどこまでのことをわかっていて受験してみたいと言ったのでしょうか。お友達がいるから、塾の体験授業が面白かったから。

そんな子どもらしい気持ちで始めた子もたくさんいるはず。それを盾にとるような言葉は卑怯だと感じて、言わないようにしていました。

同じように、『そんなにやる気がないならやめなさい』という言葉も。子どもだって一度決めたことを途中で変える際には勇気がいるでしょう。そこにつけこむようなことはしたくない。小学校高学年の子は思ったよりも大人ですから、親がお金をかけて期待していることもわかっています。だからなんとか頑張っているわけです。でも辛くないわけじゃないし、常にやる気がみなぎってくるわけでもないのは仕方がないこと。言葉狩りみたいな詰め寄り方は絶対しないように自分を戒めていました」

このお二方のお子さんは第一志望に合格しています。親子関係は良好なまま、一家のエネルギーをいい方向に使って結果につなげました。

このように中学受験のカラクリ、構造を理解し、ある程度客観的に受験勉強に伴走できる保護者は最強です。彼女たちは、実はいずれも中学受験経験者でしたが、ご自身のときは苦い思いもされたそう。しかし、取材中には、一度もそのあたりのことは言及されませんでした。過去は過去。自分のことはほとんど意識のなかにありません。ひたすらにお子さんの特性、性格、成績、将来の希望などについて話されていました。

つまり視線が、自分ではなく、主役たる子どもに向いている。自分はセコンドの役割で、頑張るのは本人であるということが腹落ちしています。

これが中学受験のことで頭がいっぱいになり、振り回され過ぎてしまう「中学受験沼に落ちる保護者」と、「その沼にかすりもしない保護者」の分かれ道の一つ。

子どもの人生は、子どものもの。親が負える責任は限定的です。そのことを忘れずにいたいですね。

また、不合格に対して過剰な意味づけをして、子どもに「失敗」をさせまいと計画を練りすぎるのも、あまり意味がありません。

結果だけにフォーカスすれば12歳の受験は水物ですから、頑張っても不合格になってしまうことはあります。実際に取材する中でも、いわゆる「全落ち」してしまったご家庭もありました。ですから前提として親御さんに求められることは、子どもに対してはネガティブな言葉を最小限にしつつ、受験する学校に安全校を組み込んで盤石なラインナップを作ることです。そのうえでお子さんの挑戦心は大切にしていきたい。つまり、第一志望はあくまでも本人の意志を尊重し、親御さんはそこに不合格になったときのパターンをしっかり練る。むしろ第一志望は落ちてしまう可能性のほうが高いと腹を括れたなら、ある意味で最強のブレーンといえるでしょう。

そしてそれとは別の話として、第一志望に落ちたこと＝失敗と断じる必要はないと考えます。誰しも人生を振り返ってみれば、「塞翁が馬」と言いたくなるようなことがたくさんあったはず。自分の話で恐縮ですが、私は第三志望の学校に進学しましたが、校風が合っていたのでとてものびのびと学校生活を送ることができました。もちろん偏差値で言えば第一志望の学校のほうが上でしたが、その分進学先では、「中学受験では勉強不足だった。大学受験は悔いのないように頑張ろう」という想いが6年間、心のどこかにあったので、比較的コツコツと勉強したような気がします。

これが運よく、第一志望に合格していたらどうだったでしょうか。多分、そこでも楽しくやったような気がしますし、もっと楽しかったかもしれない。でもまあ、大学進学先はそんなに変わらなかったんじゃないかと感じます。あるいは、有頂天になって中学入学後は勉強をサボったかもしれないので、むしろ第三志望で良かったのかもしれません。

つまり結局は、カードはめくってみなければ何が出るかわからないのです。努力して挑戦する限り、その結果だけをもって、本当の意味で「失敗」などというものはないわけです。頑張った分は必ず身についているのですから。

合格という目的に向かって頑張るのは大切ですが、過剰に意味づけをして「ここに受かれば人生安泰」「合格すれば無条件に素晴らしい学校生活が待っている」と思い込み、子どもに無理を強いるのは避けたいことの一つです。

親がはまりがちな中受のトラップ②

「何がなんでもαにいなければ……」塾のクラスや持ち偏差値に必要以上にこだわる

このトラップに陥りがちなのが大手塾にお子さんを通わせるご家庭です。例えばSAPIXを例にとると大規模校舎では20クラス以上あるところもあり、毎月のようにあるテストで4教科500点満点のうちの数点違うだけでクラスが変わります。

なかでも上位2割ほどが在籍できるαと呼ばれるクラスは、御三家に合格できる可能性が高いという水準です。親御さんはαに入れれば喜び、落ちれば慌てるというループに陥りがちです。このような塾のクラス昇降に関係するテストの対策をうたう個別指導塾やオンライン教室もあり、フリマサイトではこれらのテストの過去問が売買されています。

しかしこのテスト対策にフォーカスを当てすぎると、付け焼き刃の勉強になりがちです。塾からは一喜一憂するなと言われるものの、入試自体はあまりにも先に感じられ、クラスや偏差値に焦点を合わせてしまうのです。上位クラスに所属した先に合格があるのだと考えるのは無理のないことでしょう。

その結果クラス昇降が勉強の目的となり、しばしば言われる「SAPIX中学を受けるわけじゃないのに」と揶揄される事態になってしまいます。それを避けるためにはどうしたらいいのでしょうか？

受験本番、2月1日にピークを持ってくる。

当たり前のことかもしれませんが、そのことを肝に銘じてふるまうことが大切です。本番までのすべての試験はすべて通過点。仮にクラス分けテストの結果が悪くても不安をぐっとこらえて、子どもとの復習に時間を割き、手と頭を動かしましょう。復習の要領がつかめていない子もいますから、間違えた問題の解説を読んで終わりではなく、ミスした原因を一緒に考え、あやふやな知識を参考書や資料集を見ながらノートにまとめるように促すのが有効です。親御さんが間違えた問題自体をコピーしてノートに貼っておいて、繰り返し解くのも効果的でしょう。

悩む時間や、子どもに強く当たってしまいそうな気持ちを、物理的な復習に昇華させる作戦です。

「一番意味がないなと思ったのは、『6年生の夏期講習をαで受けたいから、組分けテストを1回わざと休んで、クラスをキープする』というママ友の話ですね。塾のクラスは、実力に見合った勉強をするために存在しているのに、本末転倒もいいところです。そこで間違えると、子どもに過度なプレッシャーをかけることになり、見ていてもいい結果にはなりませんでした」

取材で伺ったこの言葉は、中学受験生の母として耳が痛いものでした。いつの間にか間違えた方向に頑張ってしまう親御さんの姿は、1章のエピソード1の桜蔭出身の紗矢、エピソード5の姑の言葉に囚われている夏美にも重なります。

塾が競争環境を徹底して作る以上、ある程度は「順番」が気になってしまうのは当然のこと。もしクラスが落ちたというときには、今はそのクラスで授業を受けることが成績向上のために必要なのだと考えて、拘泥する必要はありません。基礎を固めるのが近道という局面は誰にでもあります。

焦りが募ったら、本番までに仕上がればOKと考え、意識的に視野を広く持っていきたいですね。

親がはまりがちな中受のトラップ③

「ここまでお金と時間をかけたからあとには退けない」中学受験をコスパ・タイパで考えてしまう

過熱する中学受験、時間もお金も、なにより子どもの頑張りも、かなりの量になっています。それを一番身近に感じる親御さんが、それが報われてほしいと思うのは当然のこと。しかし、その思いは、一度立ち止まって考えるべきポイントを見逃す原因にもなってしまいます。

中学受験は、早熟な子に有利であることは否めません。例えば早生まれや、のんびりしたタイプの男の子は、どうしても尻上がり型になります。つまり、タイミングや性格の関係で向き不向きが出やすいのが12歳の受験です。これが大学受験の頃になれば、精神的に成長しているためその誤差は埋まりやすい。そのことをまず念頭に置くのが結局は親御さんのメンタルを安定させるのではないでしょうか。1章のエピソード4で描いたチアリーディング命の美菜と、その母の由梨も「中学受験が娘の成長のタイミングには合っていないのでは？」とうすうす気づきながらもがいています。

とくにご自身がスムーズに勉強に取り組めたタイプの方、大学受験の記憶とものさしで中学受験に取り組んでいる方は、要注意。

まだ12歳、大学受験生のように計画を組むことも進めることもできません。でも大人が思うほどには子どもではなく、そこのさじ加減が難しい。

子どもはまだ経験が少なく、予測する力が少ないので「復習をおろそかにすると本番でうまくいかない」「合格するためには今頑張るべきだ」という親側には当然の認識がうまく伝わらないという状態。もどかしいですよね。

でもこれは当然のこと。子どもが怠けているわけではなく、まだ成長途中でうまく物事を予測できないだけなのです。やる気がないわけじゃない。そのことを認め、当然と考えたうえでサポートするほうが精神衛生上良いのは間違いありません。

自分で計画をして、自分で進められる子はなかなかいません。SNSでは優秀なお子さんのエピソードであふれていますが、おそらくほとんどの数のお子さんが、まだまだ手探りで頑張っている状況だと思います。ハードルを上げすぎず、日々をコツコツ積み重ねていくことが大切です。

極論を言えば、もしかしてお子さんの成長は2月1日には思ったところに到達しないかもしれません。それでもきっと、それは長い人生の一コマにすぎず、まだまだその先にたくさんの試練も喜びもあります。ですからその時点だけを切り取って、コストパフォーマンス、タイムパフォーマンスを論じるのは意味がありません。

例えばもし、タイミングは今じゃない、と思うならば中学受験を途中でやめてもまったく問題はありません。成績が思ったほど伸びなくても、この先も同じだとは限りません。いい意味で未来に期待することは親御さんの精神を安定させるでしょう。

すべては通過点で、きっとプロセスにこそ意味があります。かけたお金、時間、労力は、無駄にはなりようがないのですから、焦らずに長期的な視点で考えられるといいですね。

親がはまりがちな中受のトラップ④

「私の子がこの程度なんて恥ずかしい」自分が優秀なので、子どももできると思い込む

中学受験を題材にした漫画『二月の勝者』で、自身の大学受験での経験や記憶をもとに息子を追い込みすぎる父・島津氏が出てきます。教育虐待について考えさせる秀逸なキャラクターです。読者のうち、中学受験生を子に持つ親は、「島津父」の中に自分の狂気のかけらを見て震え上がったはずです。

取材をするなかで、ご自身が優秀な成績をおさめていらした親御さんの幾人かは、とても厳しい水準でお子さんを見ていることに気がつきました。

「私が受験生の頃は6時間睡眠で朝5時30分から勉強をした。とても効果があったので子どもにもこの方法を伝えたいけれどうまくいかない」

「成績はある程度勉強量に比例する。隙間時間を捻出して暗記したことを定着させるのが近道なのに、いつまでたっても勉強にとりかからないからタイムロスがひどい」

「ほかの子がテキストを2周するのなら、うちの子は3周しないと成績は上がらない」


どれも実際に耳にした言葉です。

これらはほとんど正解であり、正論です。漫画の「島津父」と同様に、親御さんの大学受験の時はこの方法で成果が出た。だからこそ、厄介です。問題は実行するのがまだ12歳の子どもであること、そして個人差があるということです。

それを忘れて、一方的に方法を押し付けてしまうと「予定通り」にはいかない。その時にハレーションが起きてしまいます。

中学受験において正論は必ずしも正解ではありません。

「そんなことはわかってるけど……タイムリミットがあるし、合格・不合格が出てしまう以上、どんなことをしてでも結果を出したい」

それが親御さんの本音でもあるでしょう。ではこう考えてみてはいかがでしょうか。

「完璧でなくとも、結果につながることも多いし、正論が正解とは限らない」

なんだかとんちのようですが、取材を重ねるなかで、それも一つの真理なのだと確信しています。

完璧である必要はない。本番で、合格最低点を取ればいい。そして1点でもそれに足りなければ、あっさりと不合格になります。過程は関係ありません。それが受験の正体です。とてもシビアでシンプルですが、だからこそ親子関係を壊して、子どもの心を壊してまでやるようなものではありません。受験という魔物に飲み込まれず、どこかで割り切っていくことが、親子の精神状態を守ることにつながるのではないでしょうか。

中学受験は初戦に過ぎない。過度な思い入れは無用

近年の中学受験過熱の背景には、少子化による一人あたりの教育費集中、先行き不透明な日本の経済状況、高校入試の内申制度への不安などが複合的に絡み合っています。

しかしピークは近く、中学受験者数はその後ゆるやかに減少に転じると目されています。すなわち、現状の過熱ぶりはイレギュラー。そのような状況に過剰に適応することは果たして正しいのでしょうか？

親御さんが冷静な視点を持つことで、この受験を結果にかかわらず「いい経験」にすることは可能です。

きれいごとでしょうか。しかし、もし結果がすべてだというのならば、第一志望に合格するのは3割とも言われる中学受験は「敗者」だらけになるでしょう。またそれを回避するために、意図的に第一志望を入りやすい学校に設定しさえすれば、見せかけの「勝者」は生み出せるということ。

果たして、そんなことで勝ち負けが決まるのでしょうか？

おそらく大切なことは、中学受験の構造を冷静に分析し、飲み込まれすぎないこと。それが重要な姿勢であり、成功のカギとなります。

そして、今のうちに覚悟しておきたいことがあります。

中学受験は、驚くほどあっさりと不合格になります。これは中学受験に限ったことではなく、高校・大学受験や就職・資格試験でも同じですね。当日、点数が届かなければ不合格になります。

自分の話をして恐縮ですが、私自身の中学受験は、地震と大雪が2月1日と2日に重なり、交通機関が麻痺するという波乱だらけの年でした。1章のエピソード4で描かれた由梨と同じ1992年受験組です。当時はどんなに努力をしても、当日の状況、体調、問題との相性、さまざまな要素によってあっさりと結果が出る理不尽を、身をもって味わいました。

合否は大切な結果ではありますが、同時に身についた学力や最後まで努力したという自信とは別の問題。それはどこの学校に進学しても損なわれるものではありません。

さらに言えば、どの学校に行くのが良かったのかは誰にもわからないもの。進んだ先にかけがえのない出会いがあり、成長があるのは皆さんもご自身の経験を振り返れば納得していただけるでしょう。実を言うと私もちょっとがっかりしながら第三志望の中学校に進みましたが、入学すればそこが都、今でも心の底から母校が大好きです。

不合格とはそれだけのことにすぎず、過剰に引きずったり悔んだりする必要はないのです。大丈夫、また何度でもさいころを振って新しい世界に飛び込むことが可能です。

それを前提に、お子さんの目覚ましい成長を、喜び、楽しめるといいですね。

ほんの数年前まで、子ども向けの本を読み、時々漢字どころかカタカナを書き間違えていたわが子が（失礼、これは我が家だけかも）、あの難問に挑戦できるまでになるのです。その伸び幅と言ったら、大学受験生よりも大きいに違いありません。

中学受験に挑戦できるということは、本当に恵まれていること。乱暴ですが、贅沢品や嗜好品に近いと思えば、そのせいで家族が幸せでなくなってしまったら元も子もありません。

親御さんの賢い冷静さが、きっと中学受験をいい体験にしてくれると確信しています。

3章

10年先、そして人生を見据えた中学受験とは

中学受験を終えたあと、親は何を思う？

中学受験という市場の構造は少々特殊です。当事者は毎年新陳代謝し、塾産業側に知識やデータ、ノウハウが蓄積しています。もちろん受験生やその家族サイドにも、ご兄弟の受験で2周目、3周目という方がいらっしゃいますが、そのデータはn＝1。もし上の子で「うまくいった」からといって、そのやり方が必ずしも下の子でも成功するとは限りません。

そんなわけで、新規に「受験市場」に参戦する方々は、情報を求めて教育産業を頼り、SNSの世界に無防備に飛び込みます。

原動力は子どものためですから、それは真面目に、真摯に情報を吸収します。少々特殊で、ときにいびつな中学受験の構造に必死で適応しようと努めるのです。

その結果が、現在の中学受験の過熱ぶりなのかもしれません。

塾は、露悪的に言えば「合格させてなんぼ」ですから、ハードなカリキュラムとテストを掲げ、さあ家族でこれについてこいと煽ります。SNSをのぞけばn＝1の輝かしい成功談、あるいはライバルたちの現在の様子が否応なく目に入ってきます。

その結果、多くの人が「もっとやらないと置いていかれてしまう」「合格するためにはこのままじゃダメだ」という過剰な焦りを感じてしまいます。

でも、本当に「だめ」なのでしょうか？

渦中にいるとご自身を俯瞰することはとても難しいもの。いままさに勉強中のご家庭は冷静に判断するのは至難です。

そこで受験を終えた保護者の方に、当時を振り返った率直な思いを伺うべく、インタビューしました。

情報よりも子どもの特性を重視。我が家らしい受験を貫く

（2023年受験終了）

「現在、息子が中1で、元気に学校に通っています。我が家が中学受験を決めたそもそもの理由が『高校受験がない6年間で、じっくり好きなことをしてほしい。いい仲間に囲ま

れて自分の興味や進路について掘り下げてほしい』ということだったので、現在は塾に行かず、部活や友達との時間を楽しんでいる感じですね。息子の学校ではほとんどが中1から塾に行くので、のんびりしているのは少数派かもしれません。でも夫と話し合い、そこはブレずにいこうと。もちろん中学時代は塾に行かせないと決めているわけじゃないので、息子が通いたいと言ったらどうぞというつもりです。

私も夫も教育にはそれなりに哲学がありました。最近の中学受験における先取りの風潮には反対だったので、そういう特別な『課金』は一切していません。大手塾一本、きっちり3年のみ、家庭教師の類もなしでした。コツコツやっていれば落ち着くべきところに落ち着く。そう考えて、あまり偏差値やクラスに一喜一憂しなかったのは、結果的にいい作用があったと思います。

志望校も、実は6年生の秋まで絞り切れていませんでした。夏には決めるのがいいという風潮もありますが、うちはうち。子どもが最終的にどのくらいの得点力になり、どのレベルの入試で一番パフォーマンスを出すかは結局秋にならないとわからないと考えました。何がなんでもこの学校！　と親が決めてしまうと、そこに子どもを届かせるために必要以上に無理をしてしまうかなという危惧もあったからです。そういうやり方は、ぬるいと塾に言われたこともありますが、あまり気にせず、我が家らしい受験を貫けたかと思います。両親ともにちょっと天邪鬼というか、中学受験のシステムには多少懐疑的なところがたまたま奏功したんだと思います。毎日のテストでクラス昇降させたり席順を動かしたりする塾は落ち着かないし自分の弱点補強が後手に回ると考え、回避しました。結果的に最難関に行くことができたので、本人の力を100％出すことができたのかなと思っています」

お話を伺ったとき、印象的だったのが、親御さんがほどよく情報をシャットアウトしていた点です。氾濫する情報の代わりに指標にしたのがお子さんの特性でした。たとえば朝起きるのがまったく得意ではないからと、中学受験界隈では珍しい「朝の勉強ナシ」を貫いていらっしゃいました。最後の1カ月は6時半起床にしたそうですが、朝の計算や漢字の勉強をまったくやらないのは、普通の中学受験生の親御さんであれば躊躇してしまうもの。聞けば、過去問を始める時期や、宿題の取捨選択も、あくまでもお子さんの習熟度や性格に基づいて決めていたと言います。

これを可能にしたのは、ご両親の胆力というほかはありません。誰にでもできることではありませんが、お話を伺って心に残ったのは、塾の言うことは必ずしも全員のお子さんに当てはまるわけではないということ。コレをやれば受かる！　というような方法もないということです。

だからこそ、流れてくる情報を鵜呑みにせず、目の前のお子さんに合わせて取捨選択することが大切なのだと思いました。

麻布特攻！　譲らない息子のために立てた作戦
（2020年受験終了）

「我が家の中学受験は、非常に危ういものでした。息子は、成績がまったく足りていないにもかかわらず、俺は麻布に行くの一点張り。塾はSAPIXでしたが、αにいたことはほとんどなくて、いつもせいぜい中の上というあたりでした。ただ、出題傾向は合っていると親子で考えていて、厳しい戦いだとわかっていても息子が挑戦したいならば、親は不合格の覚悟で応援しようと決め、走った1年でした。偏差値は8ほども足りていなくて、先生からも、麻布合格の奇跡が起きるか、もしかして麻布に全振りした結果、2月は全滅になるかも、と言われていました。精神的にはいつも苦しい受験でしたが、周囲に反対されても、併願校を確実なラインナップにして親がどんと構えていれば、超チャレンジ受験も悪いことじゃないと思いました。

結果的に息子は奇跡の繰り上げ合格。実力も、当日の成績もほぼビリだったと思いますが、高校生になった今も、落ちこぼれずに楽しく学校に通っています。そんなイレギュラーなわが家ですが、もし落ちたとしても、2月1日に関してはそれでよかったと思っています。先生もご厚意で本当のことを言ってくれていたのですが、結果的には麻布に挑戦して良かった。

だから自分たちが正しかったというつもりはありません、本当に紙一重だったので。ですから、大切なことは、自分たちで納得できる選択をすることだと思います。先生の言葉にも、絶対はないのです。ありがたいアドバイスとして十分に検討しつつ、親子でしっかりと話し合って決められたらいいですよね」

この方のお話で印象的だったのは、2月1日午前という、志望者がばらけることで事実上一番チャンスが広がる入試において、息子さんのご希望を完全に尊重した思い切りの良さでした。実際、第二志望、第三志望は不合格だったそうです。ご存知の通り麻布中は記述が多く、問題タイプが特殊なので、偏差値は麻布よりわずかに下でも細かい知識を必要とする第二・第三志望校の対策が手薄になったということだと思います。

結果オーライ、合格すれば何とでも言える……そんなふうに評することは簡単だと思いますが、お子さんがやる気を見せるポイントがあるならば、それを最大限に生かした成功例でしょう。

受験前に、5校受ける東京の学校のどこに進学することになっても皆で楽しもう、と話したそうです。お子さんがそう思えるように緻密に誘導した親御さんの作戦勝ちですね。

まさかの全落ち……今だから語れるその理由（2022年受験終了）

「息子は受験した6校すべて不合格となり、現在高校受験に向けて勉強をしています。今思うと、我が家は本当に甘かったですね。私と夫は、要領のいいタイプで、さほど勉強をしなくても、どの受験でもなんとなくクリアすることができました。だから息子をぜんぜん追い込めなくて……サッカーが大好きなので、そのサッカーも結局6年生の夏頃まで続けていました。それはいいと思うんですが、とにかく一家で当事者意識が薄かったなと今は思います。

部活に打ち込むために大学附属を志望したのですが、秋になっても偏差値が届かなかったため、サッカー部が強いほかの学校に変更しました。そこは合格率80％が出ていたのですが、当初志望していた附属とはまったく傾向が異なり……。その学校の問題形式にあまりフィットしていないことを見て見ぬふりしたまま、判定にすがって本番に突入してしまったんです。複数回入試をしているから当然全部受けたのですが、息子の得意な分野と学校の傾向がまったくかみ合わず、なんと全部だめ。そもそも1月校で安全校を落としたときに、軌道修正するべきだったんです。でも緊張したのだろうと、あまり先生にも相談せず、自分たちだけで無理矢理納得させてしまいました。

終わってみて思うことは、自分たちが甘くなりがちならば、もっと外に意見を求めたり、アドバイスを聞きにいったりすれば良かったということ。息子は塾の中でも中間層だったので、そこまで細かくケアしていただいたという感触はありません。こちらがあまり頼らなかったので仕方がないですね。私のように呑気で都合の悪いことを見て見ないふりをしてしまうタイプの方は、意識的に客観的な視点を取り入れるのがおススメです。塾の先生はプロですが、その子のことを一番わかっているのはやはり親だと私は思います。

息子は高校受験に向けて仕切り直し、中2から塾に通い始めました。理科と社会は相当積み重ねが利いていて、中学受験の貯金があると感じています。ただ、英語は中学になってゼロから始めており、一部、高校受験を見据えて小学生時代からコツコツやっている子たちもいるので、頑張らなくてはという感じですね。

でも、心配していた、全落ちで地元に行ったら恥ずかしいのでは……というのは杞憂でした。息子もそんなことは忘れたかのように公立での生活を楽しんでいるので、そのたくましさと周囲のおおらかさに救われましたね」

貴重な体験を話してくださったお母様に感謝しています。巷にあふれる体験談は、あくまで合格の体験談。なかなか不合格になったときのことは語られないので、悪い想像が広がってしまいますよね。また、情報に躍らされる話はよく伺いますが、情報に対して敏感になれず、見て見ぬふりをしてしまったというお話は胸に迫りました。

いくら子どもが中学受験生でサポートが必要といっても、親御さんも多忙です。そうそう子どもの受験に全精力をかけられない時期もあるでしょう。だからこそ、周囲のリソースを上手に使うのがポイントです。とくに塾はやはり情報を持っていますし、プロの経験とノウハウが蓄積しているので、講師を味方につけ、少なくとも苦手意識を持たずに積極的にコミュニケーションを取れるといいですね。

お三方のお話を伺って思うのは、改めて、中学受験の当事者というのは特殊な状況に追い込まれるのだということです。冷静になった今となっては「こうすべきだった」とわかるのに、それがリアルタイムではわからなくなることもある。そのことを、これから中学受験の世界に飛び込む方はぜひ心の片隅に置いてほしいと思います。

中学受験の世界は特殊であり、現状はこれまでの中学受験の中でももっとも過熱し、厳しい状況になっています。そこに過剰に適応する必要はなく、心のどこかでクールな部分を残しつつ、作戦を立てるのがいいでしょう。

「プロ」が内側からみた中学受験のこれから

さて、これまで本書では中学受験の当事者である親御さんに取材を重ね、視点をそこに置いて書いてきました。

ここでは、アナザーサイドというべき、塾側からのお話を伺ってみたいと思います。お話を伺ったのは、中学受験専門塾「スタジオキャンパス」代表の矢野耕平先生。矢野先生は30年近く、中学受験塾で教鞭をとる傍らで、『令和の中学受験』シリーズなど、たくさんの本を執筆されています。中学受験の世界を30年近く見ていらした矢野先生に、受験をより良い経験にするためのヒントを伺ってみましょう。

「中学受験の失敗」を作り出すのは親

――本書を書くにあたり、保護者に取材する中で次第に追い込まれていく経験をたくさんの方が語ってくださいました。これは避けられないことなのでしょうか？　また、少しでも楽になるような心構えがあればぜひ教えてください。

「中学受験に本来、失敗なんてないはずなんです。失敗を作りだしてしまうのは親。例えば第二志望に合格、入学式も済んだというのに、まだ悲しそうな顔をしている方がいるんですけれども、子どもは親をよく見ていますから、絶対によくない。

理想は、親が率先して『あの学校もいいね、この学校も素敵だね、選べないね』という雰囲気で受験を迎えることだと思います。きれいごとかもしれませんが……でも、中学受験は第一志望に受かるのは3～4人に1人と言われています。近年ピークを迎えていますから、ますます厳しくなるかもしれません。そんな受験ですから、第一志望に入らないと失敗だ、としてしまったら相当追い込まれてしまいます。そして、もしも一番行きたい学校じゃなかったとしても、素晴らしい学校に入学するね、おめでとう！　と必ず言葉をかけてあげてください」（矢野先生）

――なるほど、つまり同じ結果が出たとして、戦略的に成功に持っていくのも、失敗ということにしてしまうのも、親の出方が大いに関わるということですね。そこを間違えなければ、受験に失敗などというものはないのかもしれません。

一方で、そうあるべきだと思っていても、行きたい学校への思い入れが強く、一生懸命努力した方ほど、切り替えが難しいこともあるでしょう。そんなとき、有効なマインドセット術はあるのでしょうか?

「思い入れがあるのは悪いことではありませんし、それだけ頑張ったということだと思いますが、一方で入試というのはシビアでシンプル。1点足りなければ落ちるし、合格最低点を超えれば受かる。それだけなんです。だからそこに必要以上に意味を持たせるのはある意味でもったいない。頑張って学んだことは身についていますから、1点足りた、足りないの話だけで何もかも失敗だと思う必要はないですよね。

最近の親御さんは、さまざまな情報がある中で、『合格する子の親は、親力が高い』と考えてしまうのかもしれません。だから怯えている。自分のせいで落ちるんじゃないかと思ったりね。当たり前ですが、そんなことはありません。いい親であることと合否は関係ないです。

そんな気持ちになったり、あるいは周囲の目が気になったりしたとき、一つ言えるのは、『他人は自分が思うほどこっちのことは気にしていない』ということ（笑）。だから、決まりが悪いとか、落ちて恥ずかしい、なんて思う必要はまったくありません」（矢野先生）

中学受験における、親の役割とは？

――たしかに、中学受験における親の役割についてさまざまな意見があり、子どもの成績が下がれば「自分のサポートが足りなかったのでは」と考えてしまうことも。その思いが高じて、子どもが目標に到達しないことに焦ったり、必要以上に負荷をかけたりしてしまうのでしょう。そんなときは、先生のおっしゃるように、少し肩の力を抜く必要がありそうです。そのうえで親にしかできないサポート、ここだけは頑張るべき、というポイントはありますか？

「中学受験において親がイニシアチブをとるべきなのは志望校探しだと思います。情報を収集して、子どもにいろいろ見せてあげるのが理想です。当然、わが子の性格や特性に合ったところを探すと思いますが、できれば学校や塾でのお子さんのキャラクターも反映するといいですね。家で見せているのは、実はお子さんの一面でしかないんです。だから学校や塾、習い事、それぞれのシーンでどういうキャラクターなのかをしっかり把握して、総合的に判断するとよりぴったりの学校が見つかります。

そして親の最大のミッションは、健康と精神状態を良好に保つこと。これは親にしかできません」（矢野先生）

――確かに、志望校選びは、お子さんだけで決めるのは限界があります。親が積極的にさまざまな情報を与えるのが近道ですね。志望校は、6年生後期の成績をもとに、安全校、適性校、チャレンジ校を設定しますが、もちろん偏差値だけではなく、男女別学／共学、進学校／附属校、伝統校／新進校という選択に加えて、校風や通学距離、進学実績、カリキュラム、課外活動、国際教育、留学、部活などさまざまな要素があります。小学生がこれらすべてを見通すことは難しいため、ご家庭の状況に合わせて、ある程度スクリーニングをかけたうえで、お子さんを文化祭や説明会に連れていき、検討するのがいいということですね。

中学受験の未来と目指すべきもの

——さて、2024～2025年にピークを迎えると言われる中学受験ですが、今後はどのような状況が予想されるのでしょうか。

「数年後から、中学受験者数はゆるやかに減少に転じると予測しています。そうなると、一部の学校は塾に通わなくても自宅でしっかり勉強すれば入れるようになったり、AO入試のような形態の試験がいずれ行われたりするかもしれませんね。チャンスが広がっていくと考えていいと思います。

私も個人的には、ブームと呼ばれるものがひと段落すれば、落ち着いて勉強に取り組めるようになって受験生には追い風だと考えています」（矢野先生）

――中学受験の世界も、常に変化し続けているということですね。そのような中で、これから参戦する受験生が目指すべきもの、指標とすべきものとは何でしょうか？

「私は、中学受験を通して、子どもが学ぶ楽しさを知ってほしいとずっと考えてきました。勉強は、知らないことを知るというシンプルな楽しさがあります。世界とつながるツールなんですよね。どの科目にも違った楽しさがあり、学びがあります。その楽しさに目覚める子が、中学受験ではどこまでも伸びていく。学ぶのが好きになれれば、その後の人生が豊かになるし、もし中学受験で点数が足りなくて不合格になったとしても、必ずその後の人生にいい影響を与えてくれる。受験という一時的なゴールにとらわれすぎず、学ぶことを楽しめれば、受験は、本当はすでに成功しているんですよね」（矢野先生）

親御さんと受験生、両方を長年見ていらした矢野先生にお話を伺って、印象的だったのは「受験はシビアでシンプル。受験への思い入れが強すぎて、振り回されてしまうことは、親子にとっていい結果を生まないのでは」という視点です。

それはこれまで取材をする中でしばしば親御さんから聞かれた声とも一致するものでし

た。もちろん受験勉強に主体的に取り組むことはとても大切ですが、いたずらに情報に煽られ、不安に駆られるよりも、お子さんをよく見て必要なステップを一歩ずつ積み重ねることが大切です。

また、今後より多様になることが予想される入試形式では、塾で学んだこと以外の経験や特技、海外経験や英語力が生かせる可能性があります。お子さんの得意な科目や特別な経験を大切にできる入試が増えるということですので、親御さんは思い込みにとらわれることなくアンテナを高くしておきましょう。

取材協力／スタジオキャンパス　https://www.studio-campus.com　矢野耕平先生

おわりに

親と子の中学受験を笑顔でゴールするために必要なこと

本書を書いている最中、私も中学受験生の母として息子に伴走していました。並行して仕事でさまざまな親御さんのお話を伺い、矢野先生にもインタビューをさせていただき、SNSの有名な中受アカウントに目を通す毎日。中学受験に関して情報も知識も一通り頭に入っています。

よし、それを活かして息子に寄り添い、叱らないようにしよう……原稿を書いている間はそう思うのですが、ひとたび母モードになると、成績に一喜一憂、朝の勉強をサボる日が続くと絶望、ケンカもしばしば。思うようにいかないことがたくさんありました。

頭では「こうするべき」とわかっていても、難しいことはありますね。子どもの頑張った姿を一番近くで見ている親は、突き放すことも見ないフリもできず、バトルになるのでしょう。

そのように日々葛藤しながらも、取材を重ねるなかで痛感したいくつかの「中学受験をするご家庭への申し送り」を備忘録としてまとめておきたいと思います。

模試の結果や過去問の点数に一喜一憂しない

これは塾でも再三、口酸っぱく伝えられていると思いますが、模試や過去問は苦手な単元をあぶりだすためのツールです。肝心なのは復習であることは言うまでもありません。

また、たとえば1カ月のうちにテストが2回あったとして、その偏差値が10以上離れていることもあり得るでしょう。受験生も後半ともなれば僅差の勝負ですし、まだ小学生、体調や集中力、環境にも大きく左右されます。

しかし、人間、そう簡単に偏差値10のぶんも実力は変動しません。偏差値が極端に低く出た回は、苦手な単元が多かった、焦っていた、体調が良くなかったなど、原因があるだけ。それを取り除くことが合格への近道です。必要以上に偏差値に拘泥するのはもったいないですね。

また、親御さんの顔色はダイレクトに子どもに影響します。平常心でいることは、考えている以上に重要です。

偏差値だけで志望校を決めない

この本を手に取っているのは、中学受験において親子で葛藤している方が多いと推察します。つまり偏差値至上主義に、多少なりとも違和感を持っている可能性が高い。しかし、ひとたび中学受験の世界に入ると、ある程度は適応せざるを得ません。塾のクラスは偏差値によって分けられ、学校の名前が冠されたクラス名がつけられますから、どうしたって順番を意識してしまいます。

しかし、偏差値が1、2ほど違うからと言って、少なくともそれをもって志望校を決定する必要はないのだと、取材を通して学ぶことができました。偏差値は非常に流動的であり、人気のバロメーターでもありますが、ある意味であてにならないものだからです。

例えば複数回入試を実施する学校の偏差値は高く出ることが多いですし、ランキングも10年も経てば「顔ぶれ」は大きく変わります。そんなあやふやなモノだけを指標にするのはもったいない。偏差値では測れない校風や活動を無視して志望校を選ぶのは避けたいことです。一つの指標として大いに尊重しつつ、冷静な視点も必要と言えるでしょう。

どんな大人になってほしいかというビジョンから志望校を決める

私自身、いくつもの学校を半分取材、半分親として数年かけて訪れる中で、学校は大きく分けて2種類あると感じました。

まずは伝統校に多い、「教育理念」や「人格形成」を謳い、人生を通して身につけたい考え方、生き方が身につく文化や風土を売りにする学校。次に、この不透明な時代を乗り切るための武器となる「スキル」を6年間で人よりも早く磨けるシステムを売りにする学校です。

もちろん両者は相反するものではなく、見せ方の違いという側面はあると思います。ただやはり根底にあるのは学校の文化の違いであって、そこがご家庭の方針と重なっているほうが望ましいでしょう。

ここで少し実体験をお話しします。私は中学受験を経験し、伝統校と呼ばれる学校に通いました。当時はそこそこ難関校の位置づけでしたが、現在、入学した当時から偏差値が10も15も落ちてしまいました。

しかし、当時と今を比べて、教育の核は変わっていないと感じますし、当時の先生方の幾人かはまだまだ現役でいらっしゃいます。偏差値は30年前に比べて入りやすくなっていますので、正直に言えば「なんてお得な学校なんだろう！」と思い、知人に勧めています。偏差値が下がってしまった要因は、女子大の人気がなくなったことで半附属と目されていた母校は影響を受けたこと、国際化に舵を切る学校が多かった20年ほど前に少々出遅れたことなどがあると推察しますが、どれもがトレンドの影響、相対的なものであると感じてきました。客観的に見れば、母校は20年ほど前は英語やＩＴなどのスキル習得に関するアピールが弱かった。「教育理念推し」の学校に対して時代がさほど興味を示さなかったとも言えるでしょう。

時代は移ろい、教育理念も大切に考える潮流が戻ってくると同時に、復活の兆しを見せています。そして卒業して何十年経っても、中高6年間で培った目に見えない「生きる力の価値」を、卒業生である私は感じています。

学校はさまざまな広報戦略をもって見せ方を工夫します。偏差値や有名大学への合格実績、国際化、ＳＴＥＭ教育……その中で、お子さんに身につけてほしいものを考えるとともに、どのような大人になってほしいのかをイメージし、そのために必要なステップを家庭と共に担ってくれるパートナーを探すつもりで、学校を選んではいかがでしょうか。

本書を書くにあたり、取材で赤裸々にプライベートな受験事情を共有してくださった方々、プロの所見を惜しみなくお話しくださったスタジオキャンパス代表矢野耕平先生、前作『天現寺ウォーズ』に続いて応援の言葉を寄せてくださったおおたとしまさ様に、心から御礼申し上げます。イラストレーターのオザワミカ様、リクエストを上回る素敵な表紙イラストをありがとうございました。最後になりましたが本書を書く機会を与えてくださったイカロス出版の川本多岐子編集長、編集を担当してくださった渡邉絵里子様にも、深く感謝致します。

この本を手に取ってくださったすべての皆様が、どうか、中学受験という親子のかけがえのない「協働」を、悔いなく走りきることができますように。

2023年11月

佐野倫子

本書の1章は中学受験を経験した親子への取材にもとづいたセミフィクションです。
偏差値は2023年11月時点の目安で、毎年変化します。
その他、受験日、各種データなどは、取材時時点のものです。

佐野倫子　Michiko Sano

教育ジャーナリスト・作家
東京都生まれ。早稲田大学卒。

イギリス国立ロンドン大学ロイヤルホロウェイに留学。

就職・教育関連雑誌およびウェブサイトの編集者・ディレクターを経てフリーランスに。

講談社WEBメディア『mi-mollet』、講談社『Kiss』、幻冬舎『ゴールドオンライン』、『ダイヤモンド・オンライン』、『東京カレンダーWEB』、月刊『エアステージ』にて教育関連の記事や小説を多数執筆。

著書は小学校・中学校受験をテーマにした小説『天現寺ウォーズ』（イカロス出版）、『知られざる空港のプロフェッショナル』（交通新聞社）。

装丁・本文デザイン —— 塚田佳奈（ME&MIRACO）
表紙イラスト ———— オザワミカ
本文DTP ———— 丸山結里
編集 ———— 渡邊絵里子
校正 ———— 坪井美穂

中学受験ウォーズ
君と私が選んだ未来

2023年11月25日　初版発行

著者 ———— 佐野倫子
発行者 ——— 山手章弘
発行所 ——— イカロス出版株式会社
〒101-0051
東京都千代田区神田神保町1-105
https://www.ikaros.jp
03-6837-4661（出版営業部）

印刷・製本 —— 株式会社シナノパブリッシングプレス

2023　Printed in Japan